ЯБЛУКО

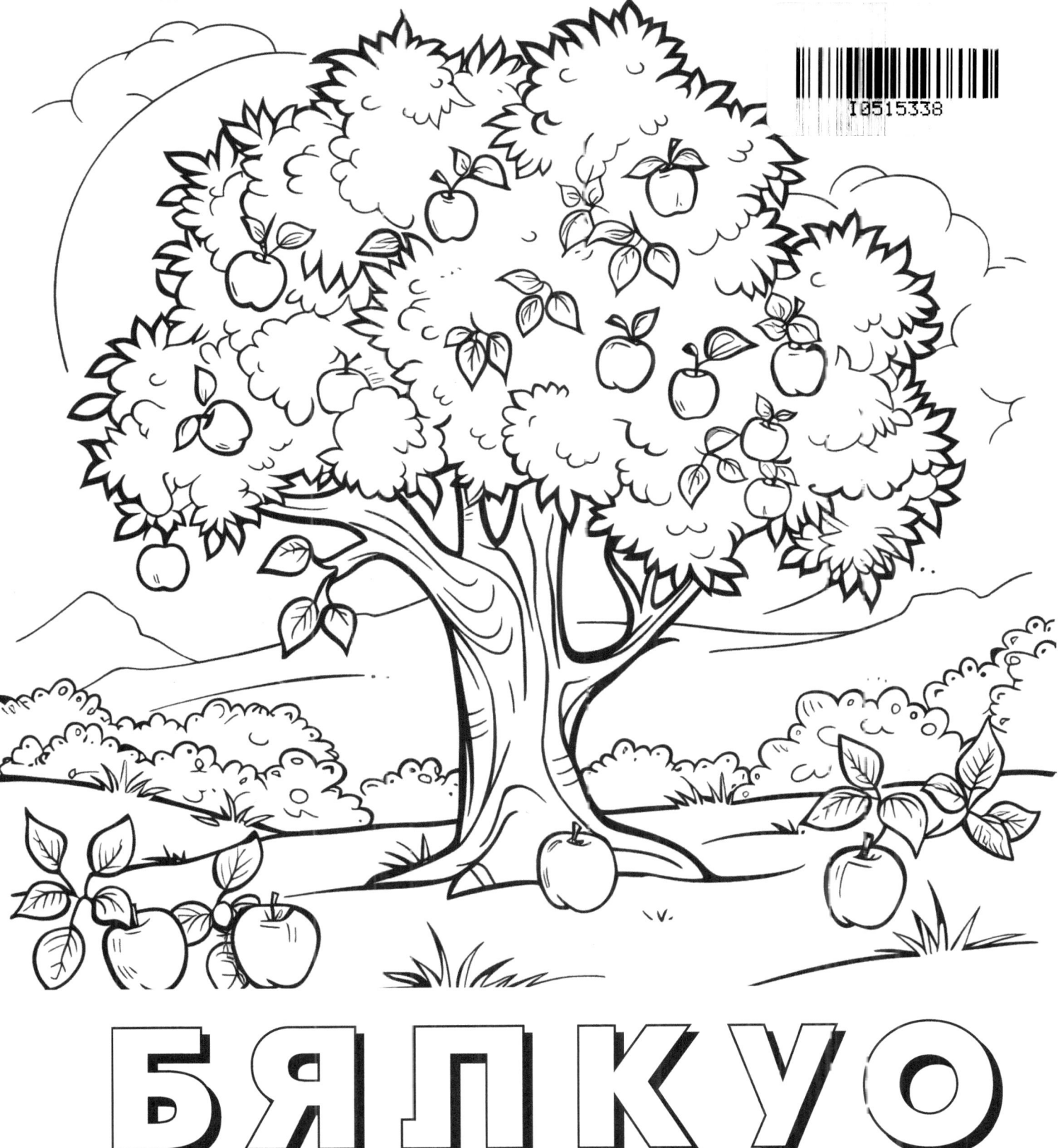

БЯЛПКУО

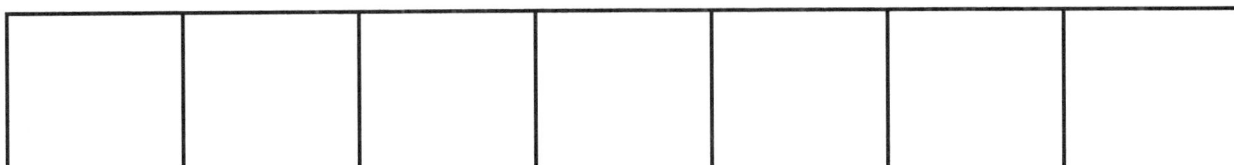

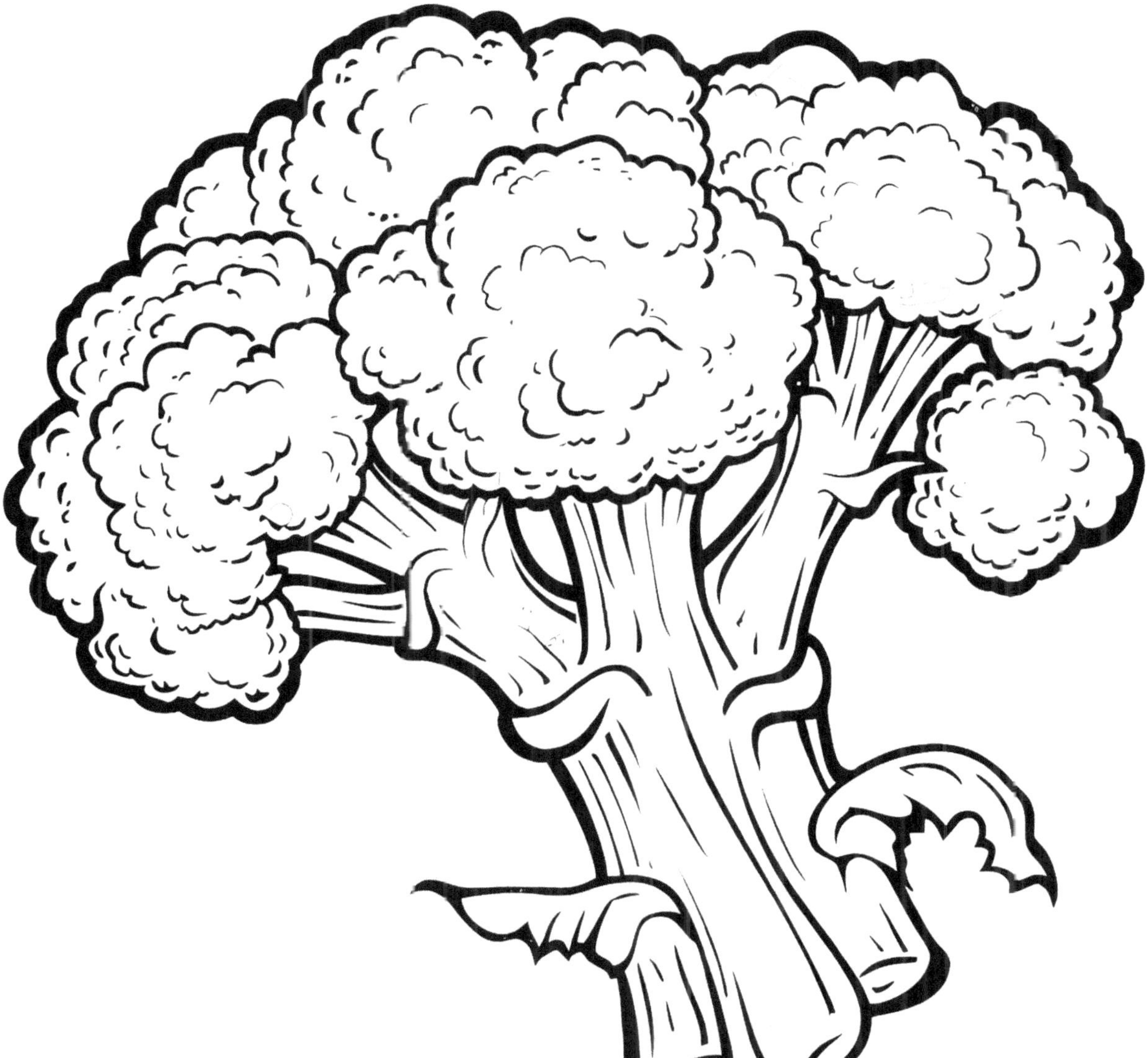

іБРОПКО

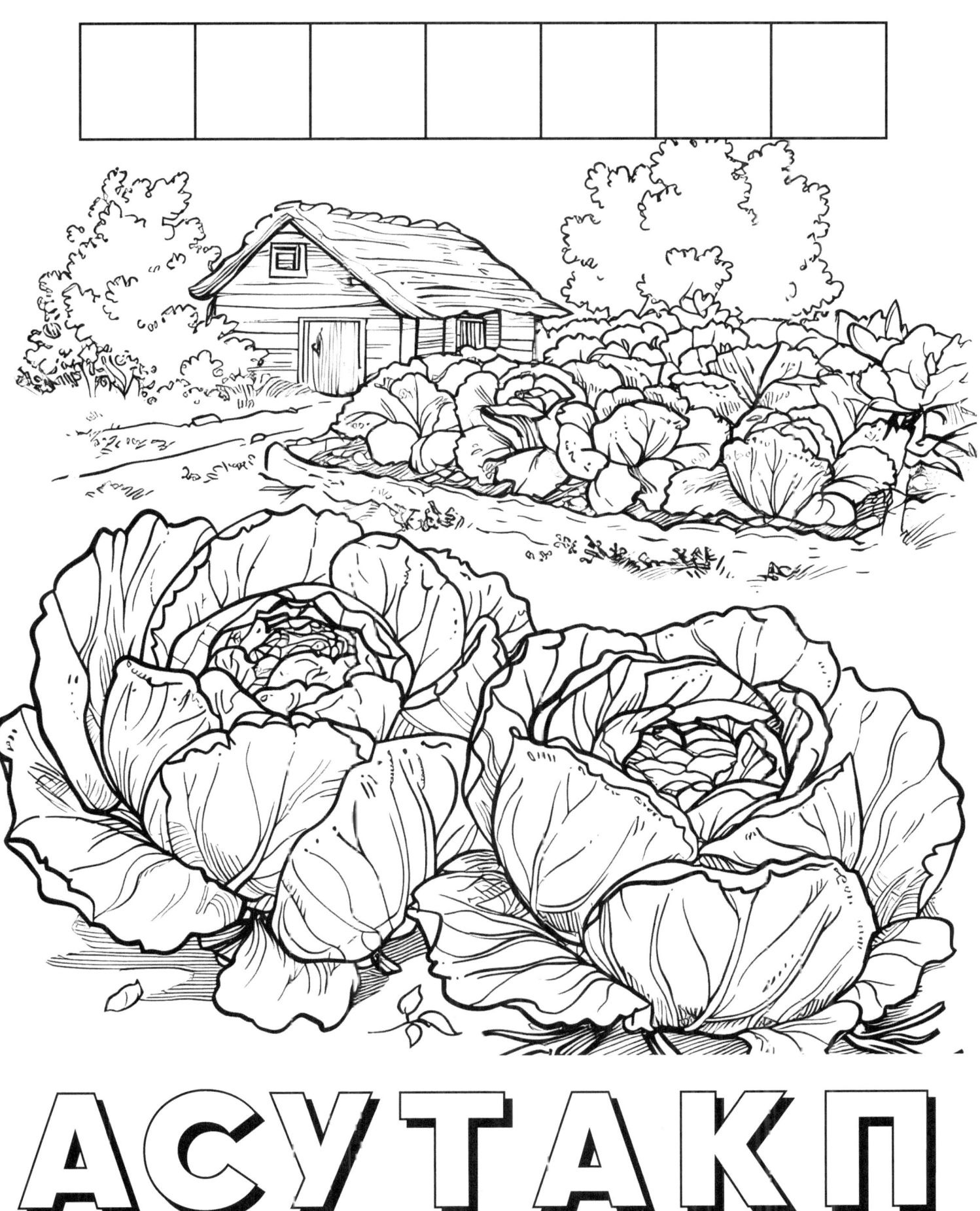

АСУТАКП

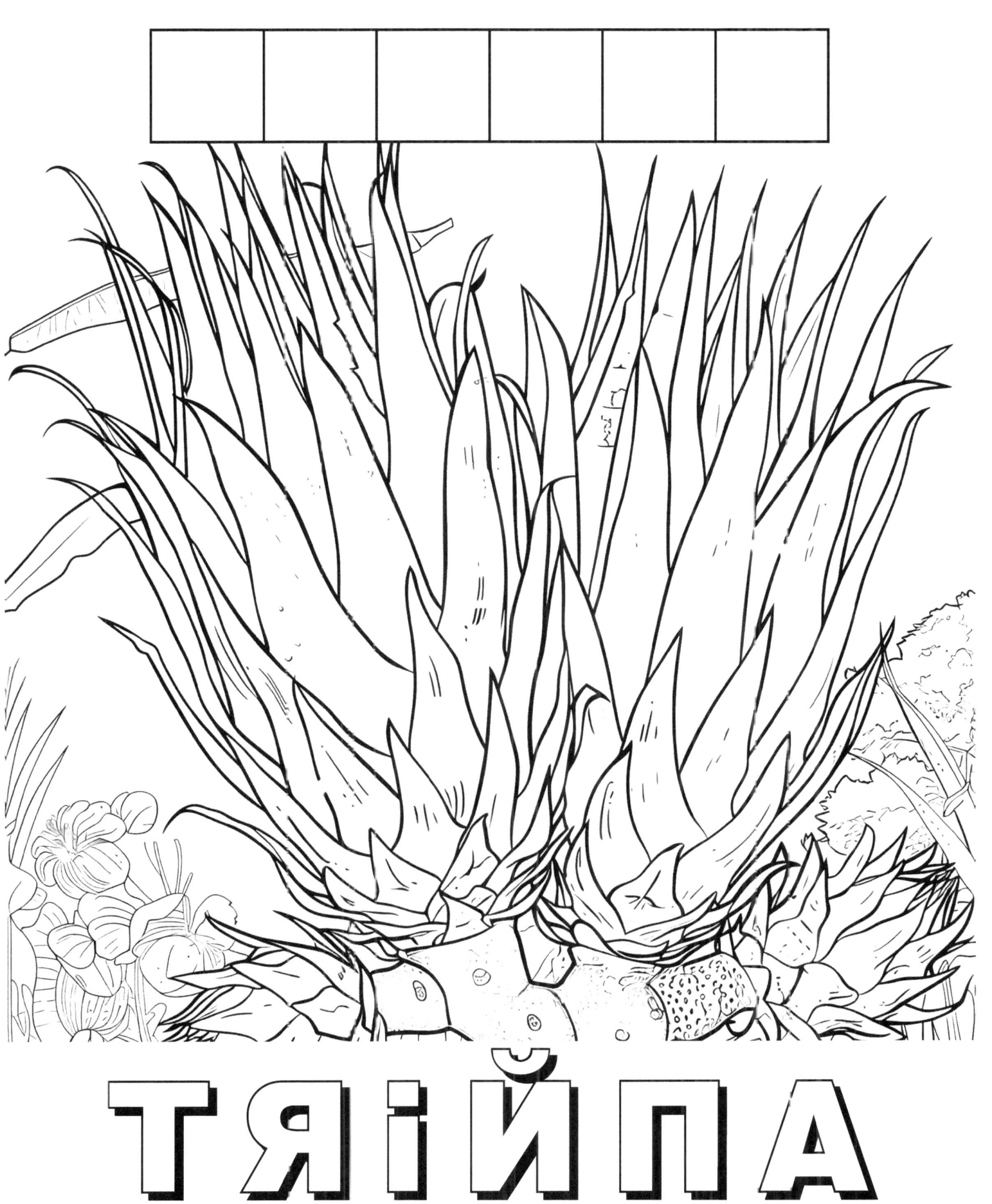

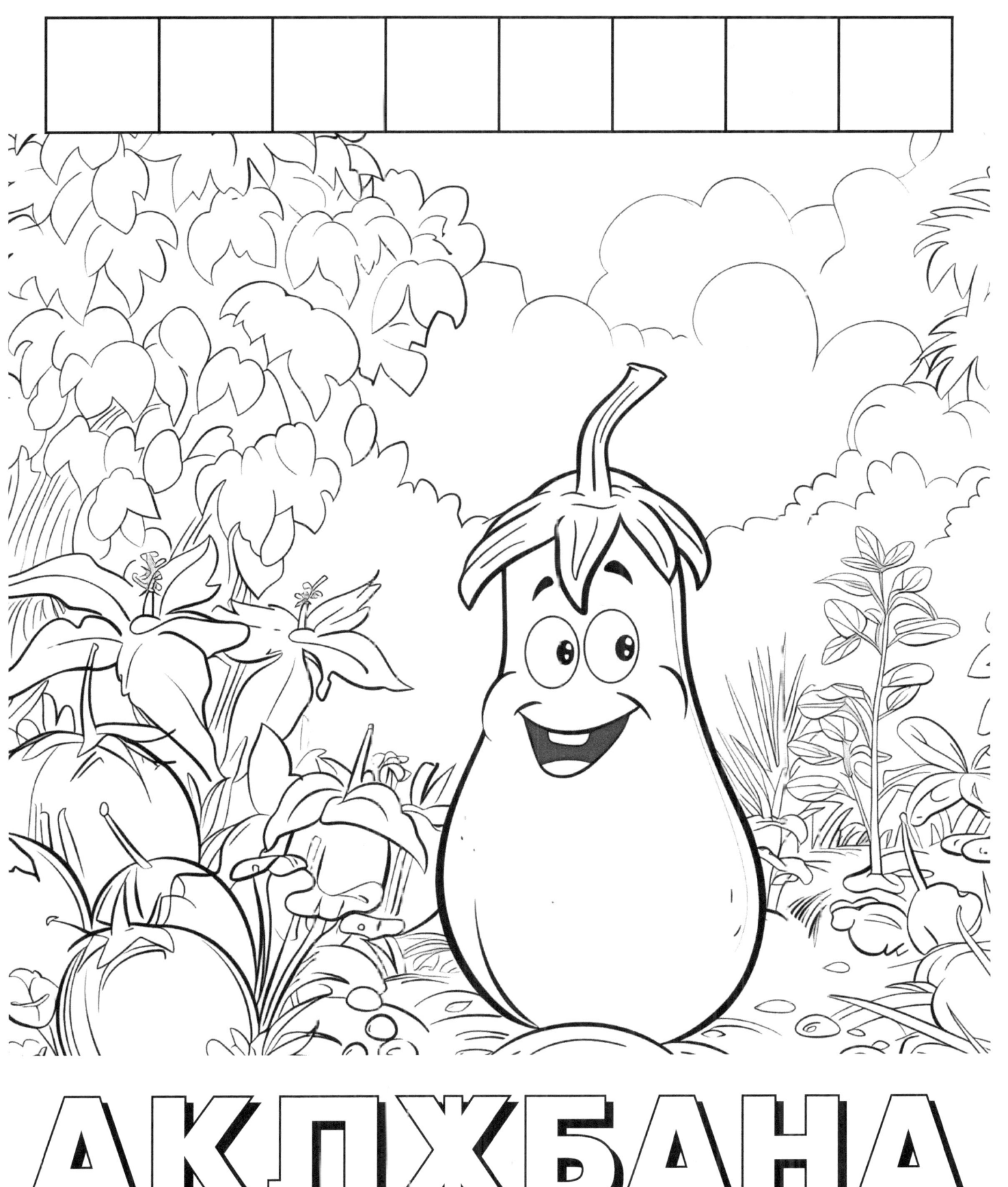

АКЛПЖБАНА

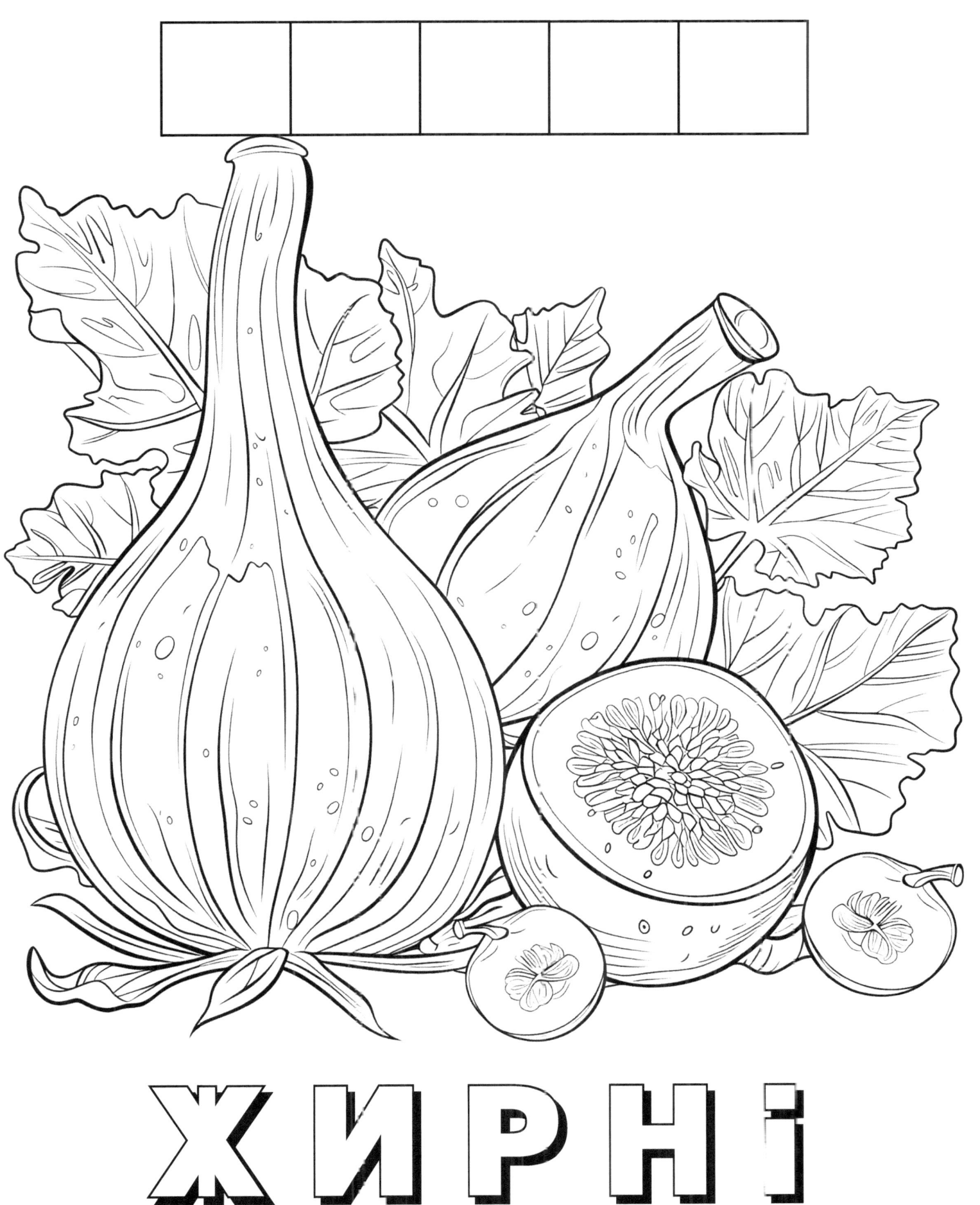

ЖИРНІ

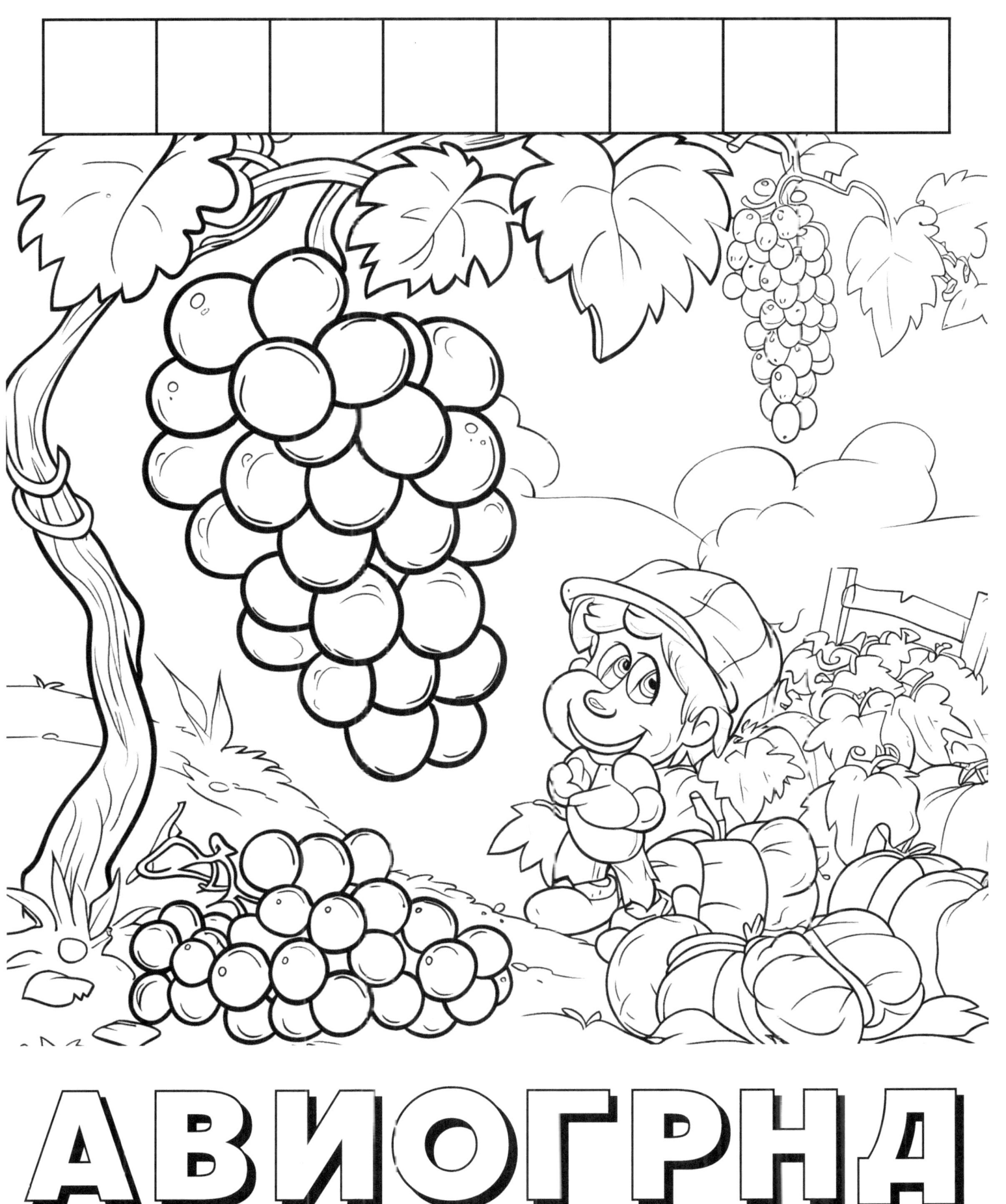

АВИОГРНА

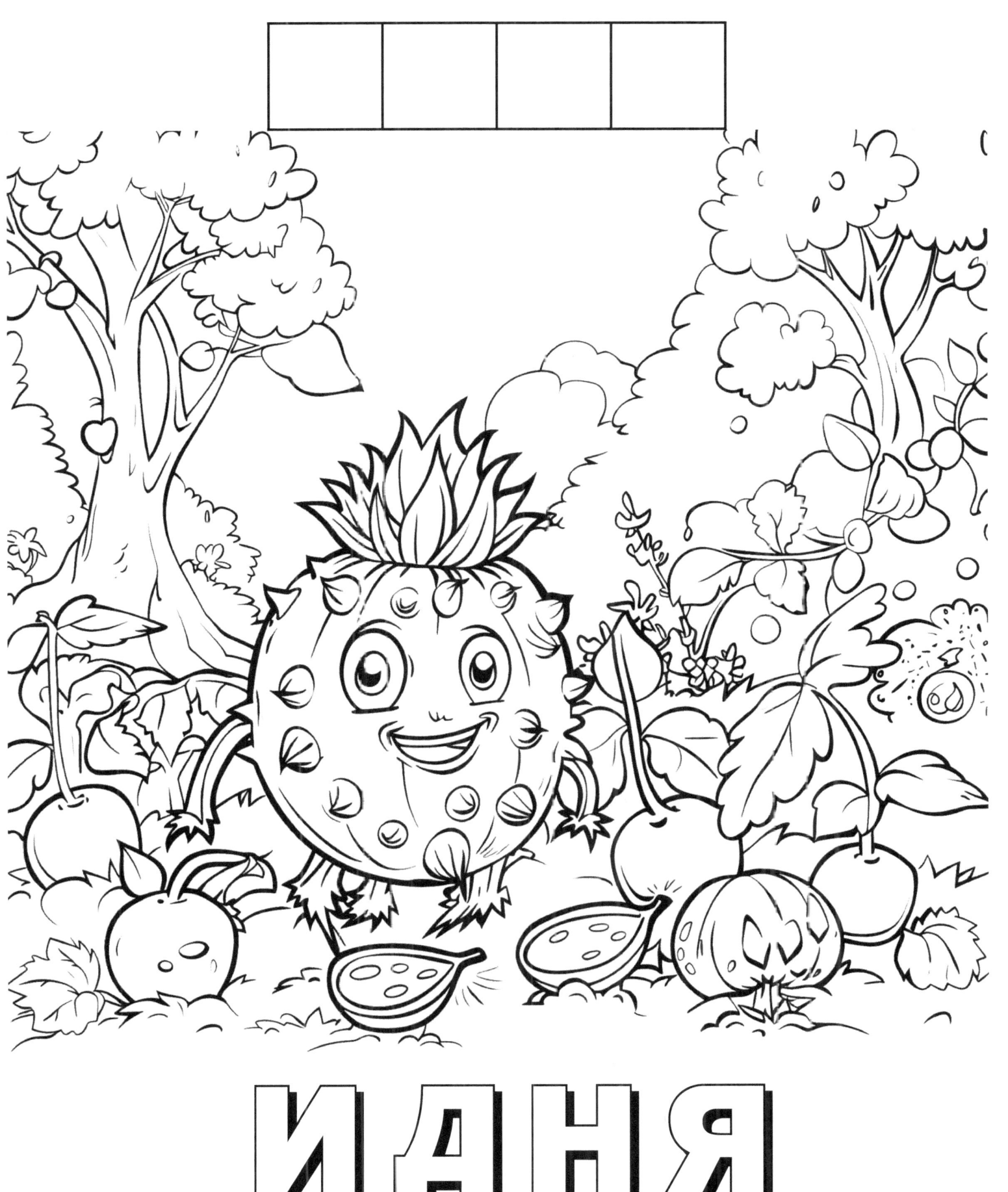

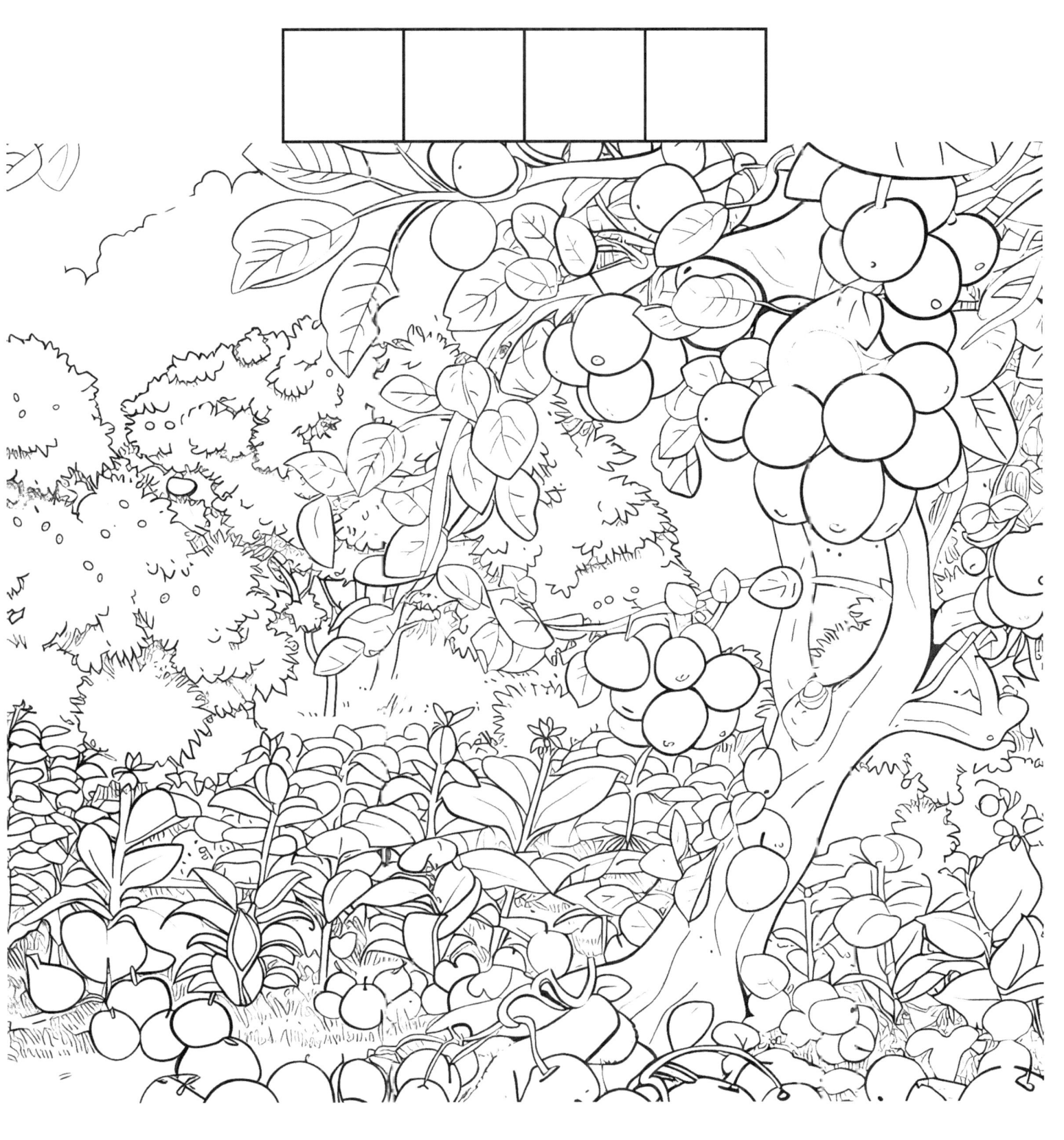

МИБЕ

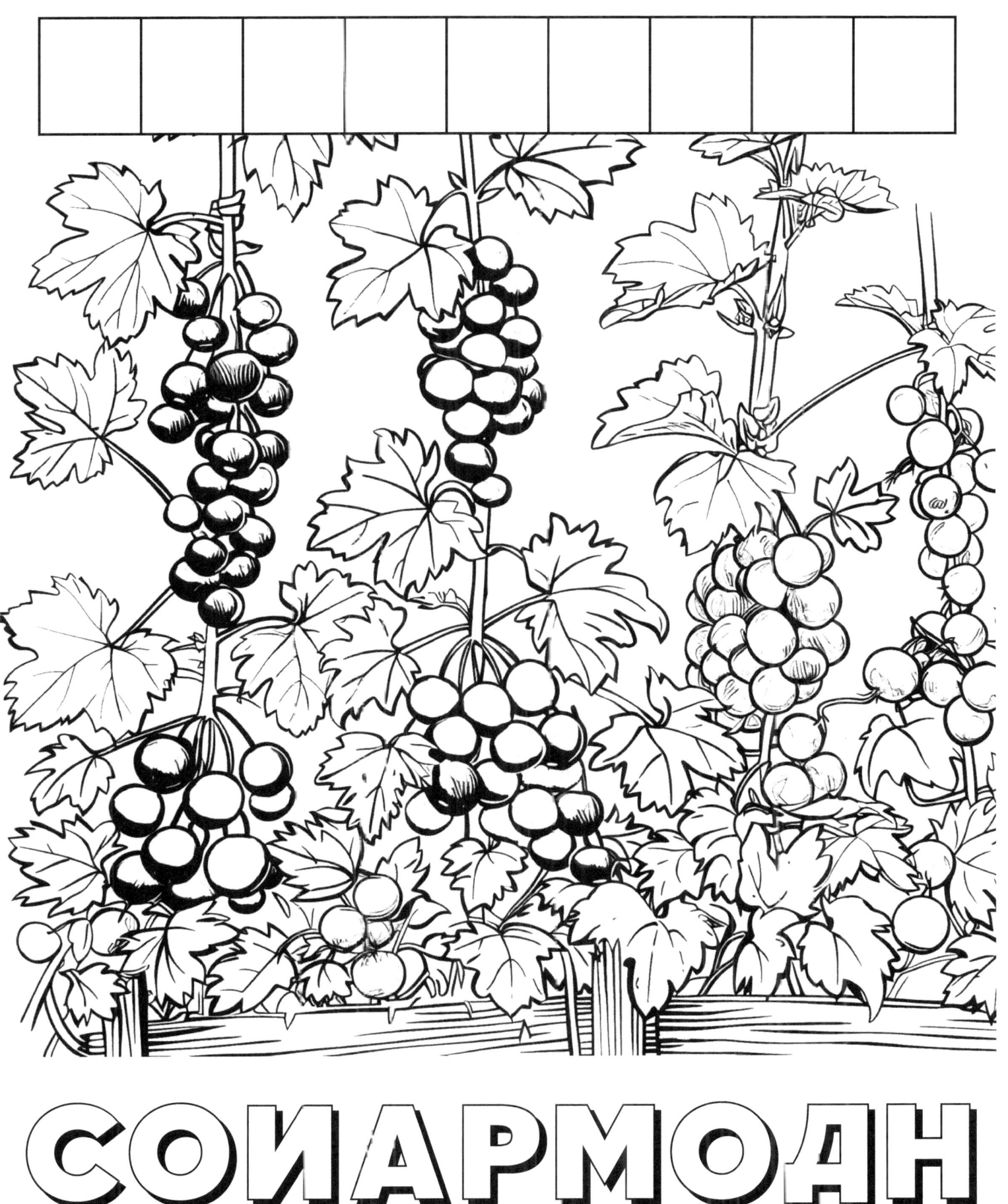

СОИАРМОДН

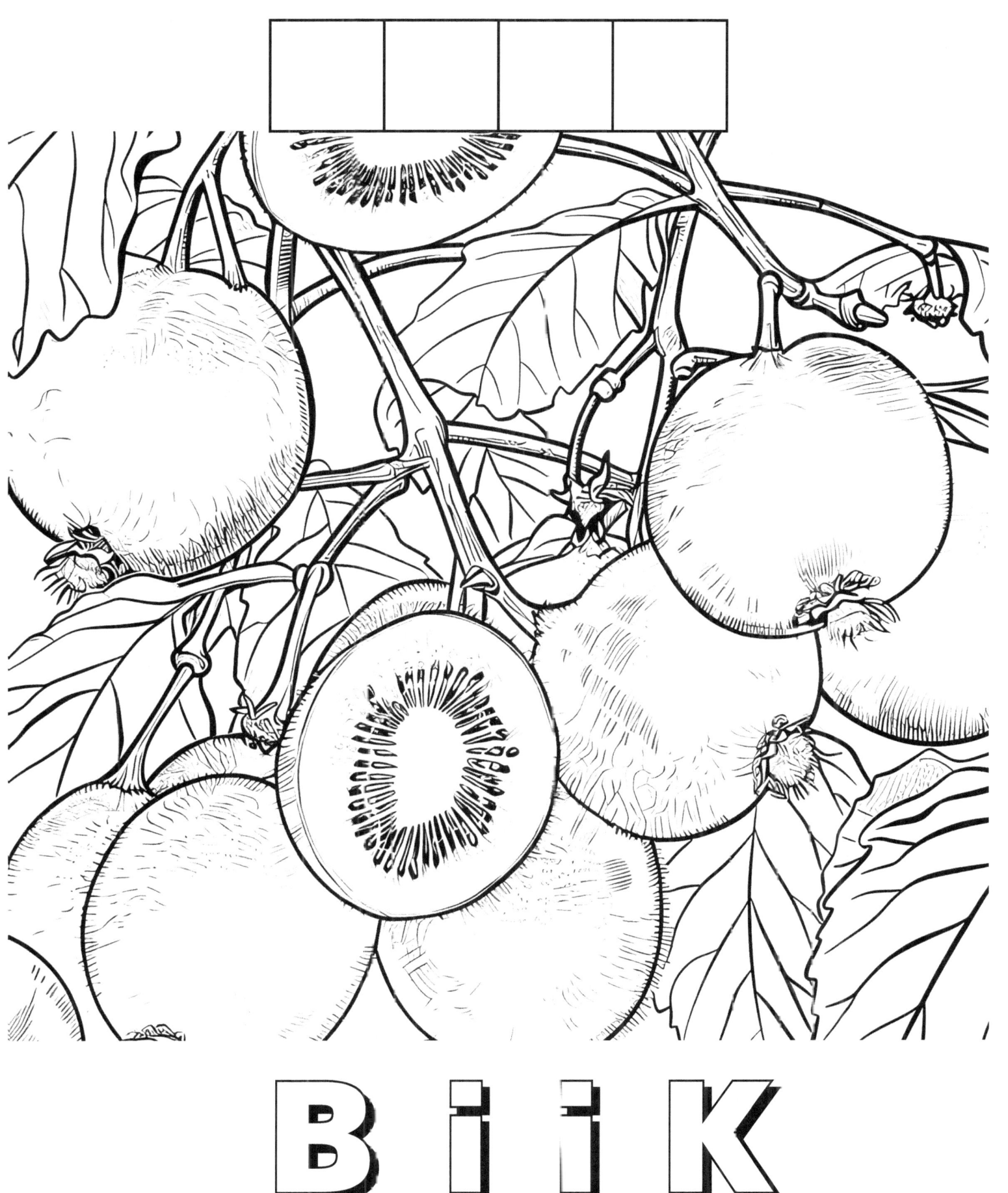

BiiK

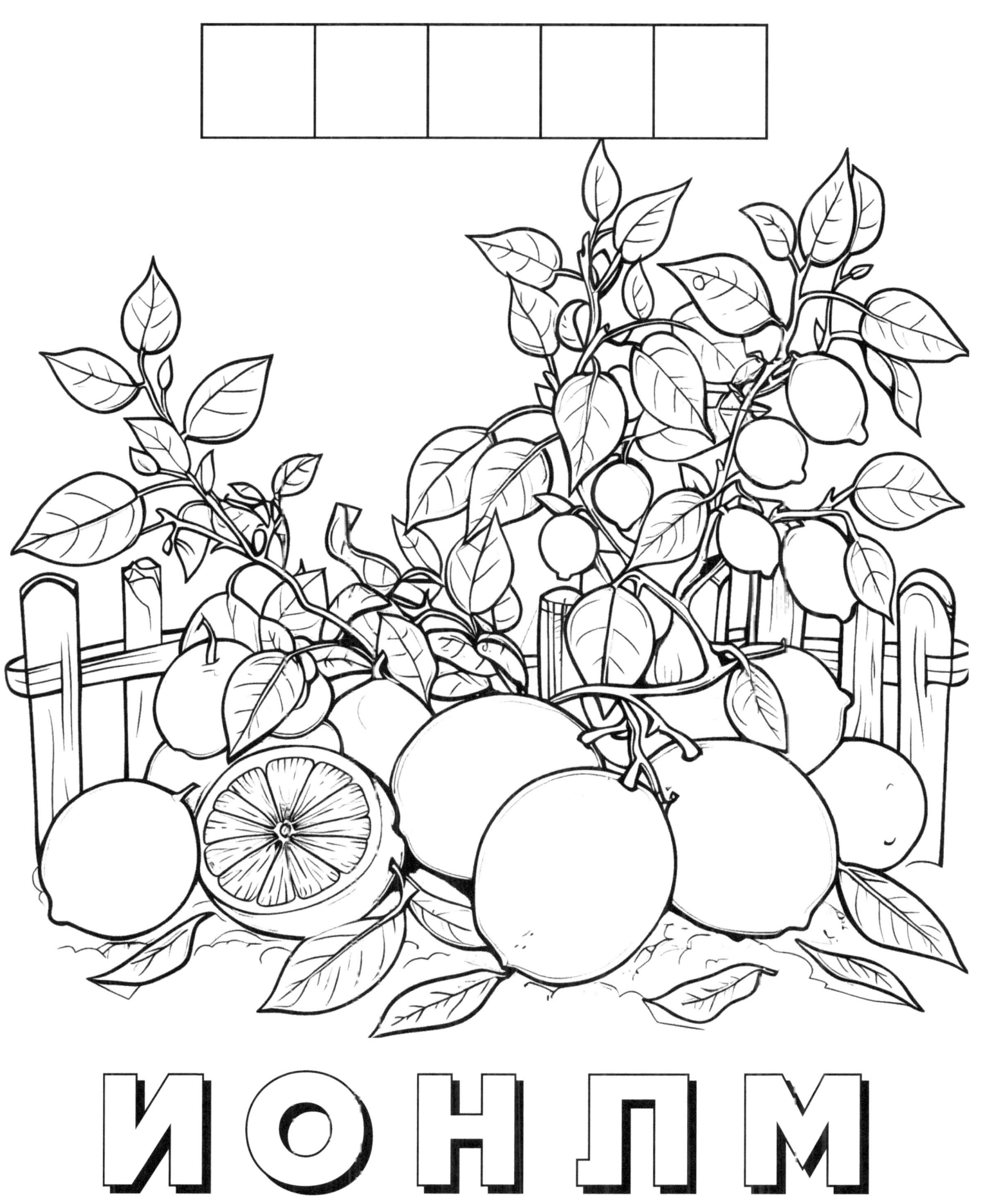

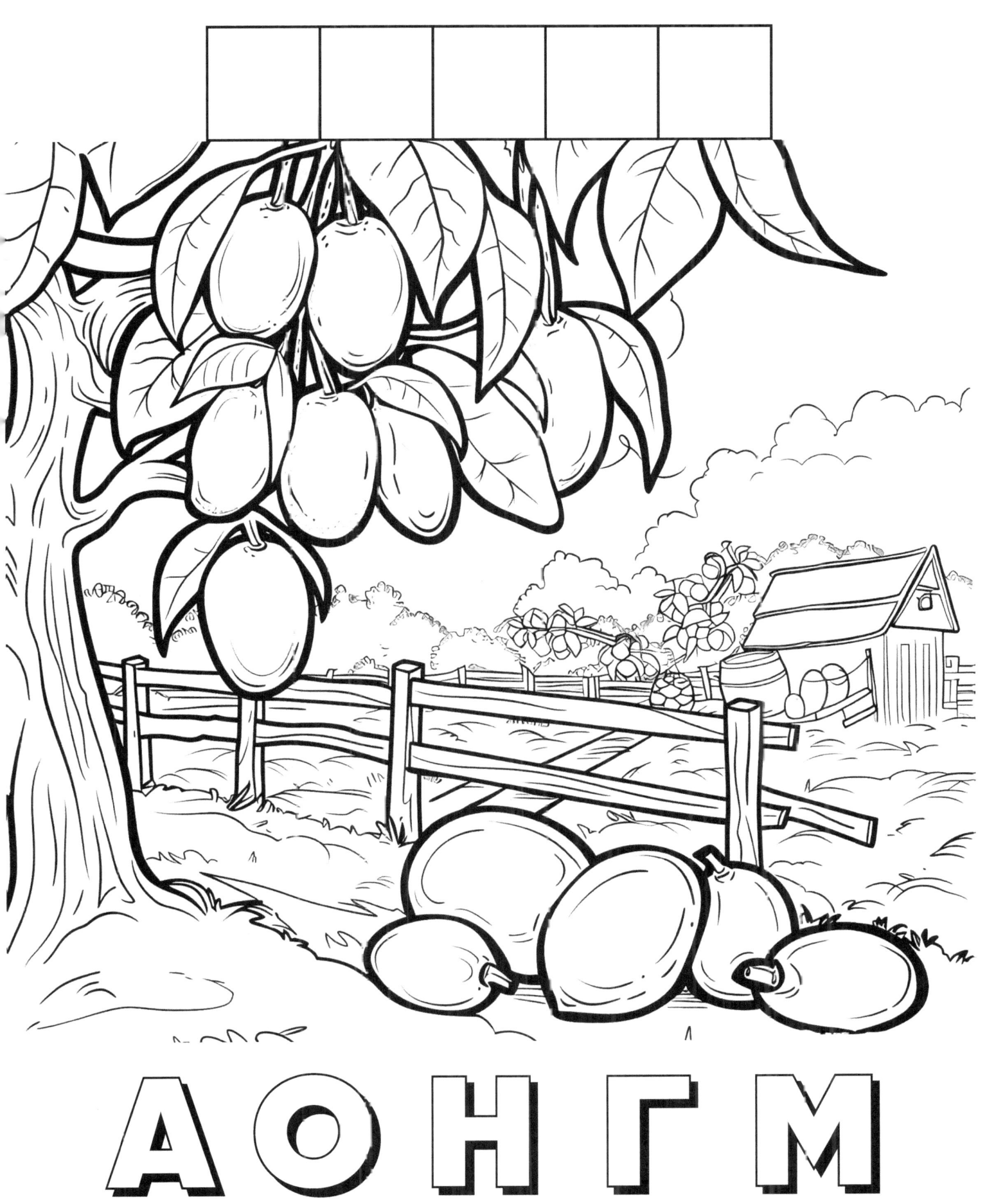

А О Н Л М

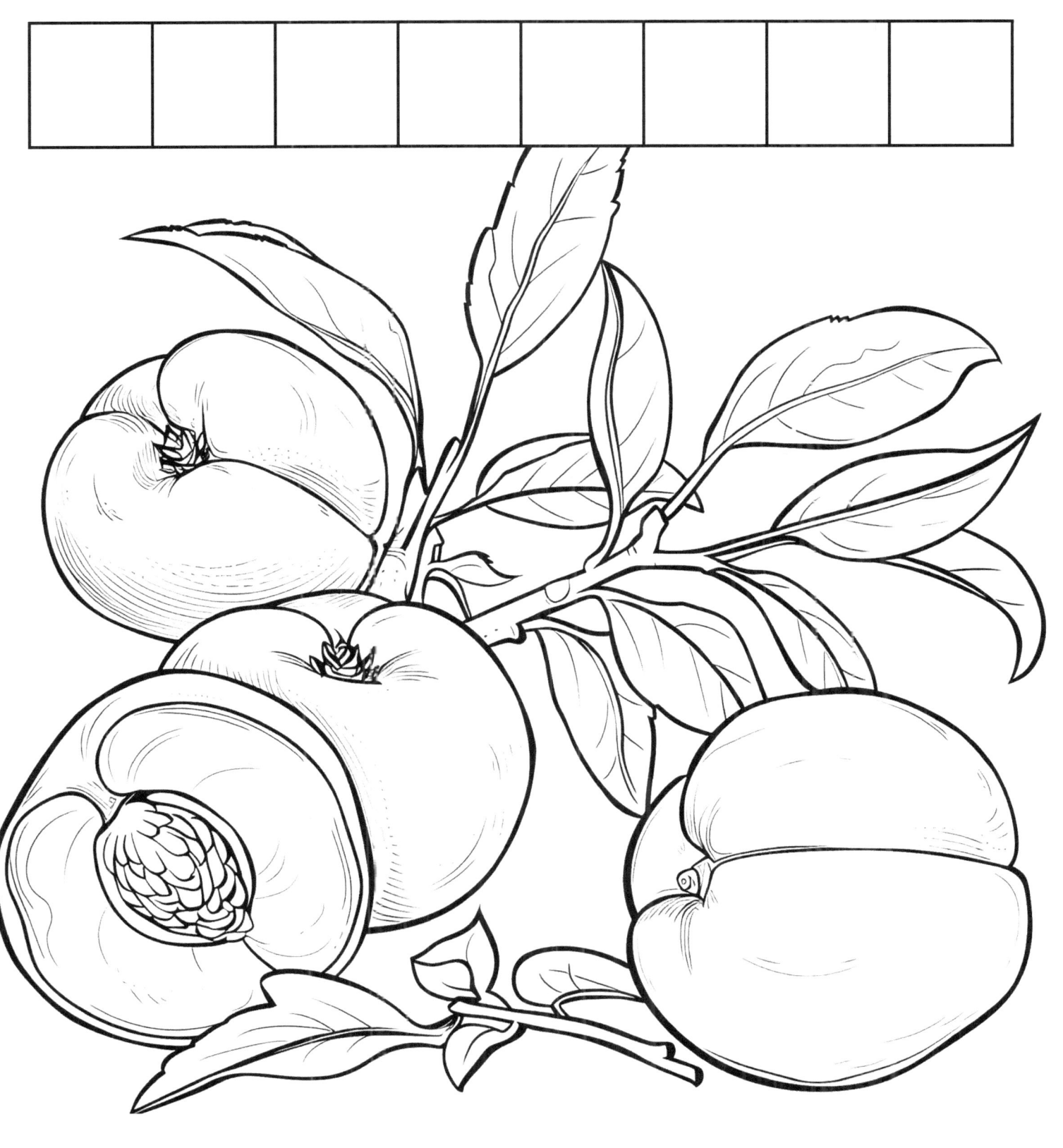

АКЕТИРНН

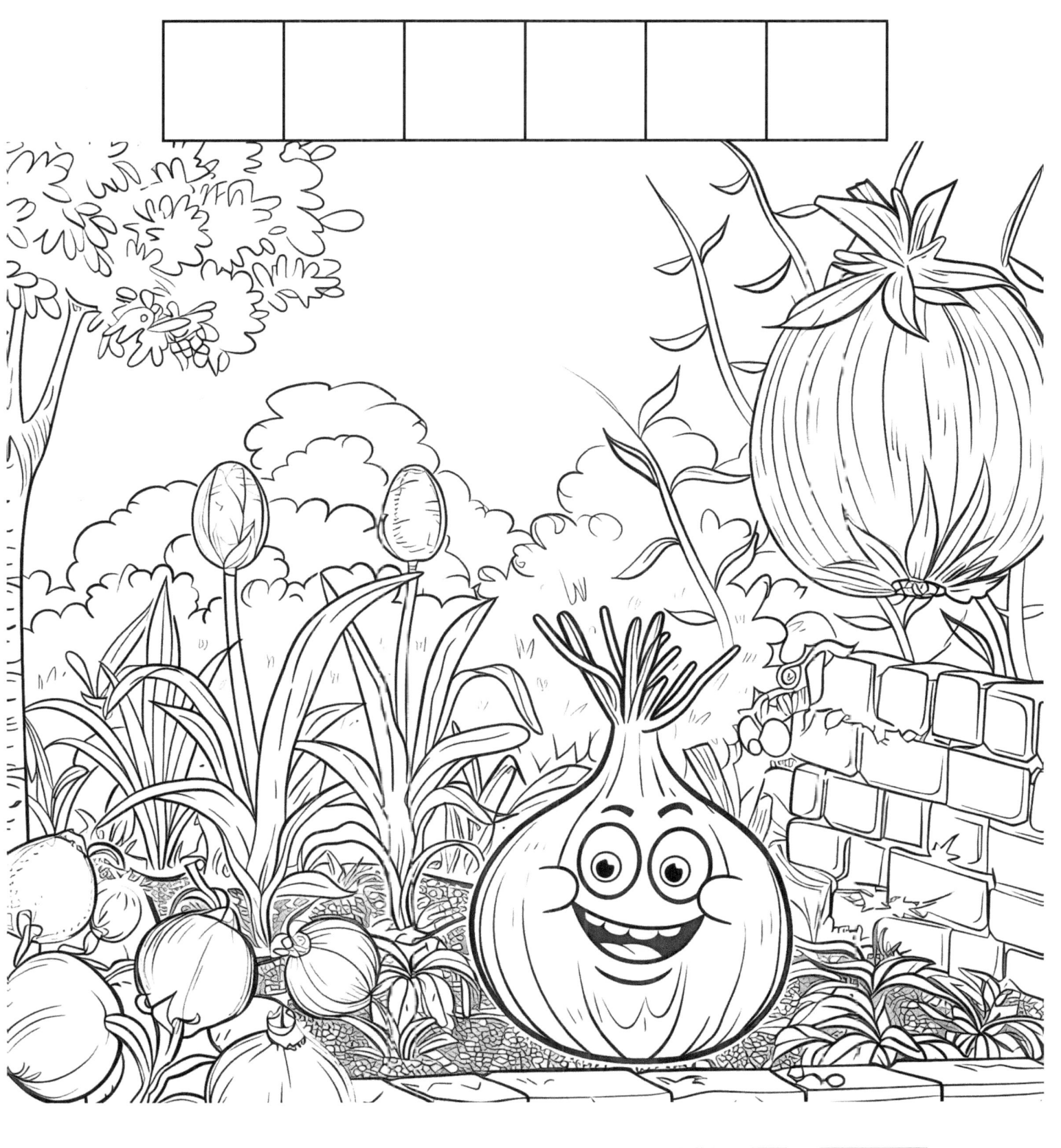

БИЯЦУЛ

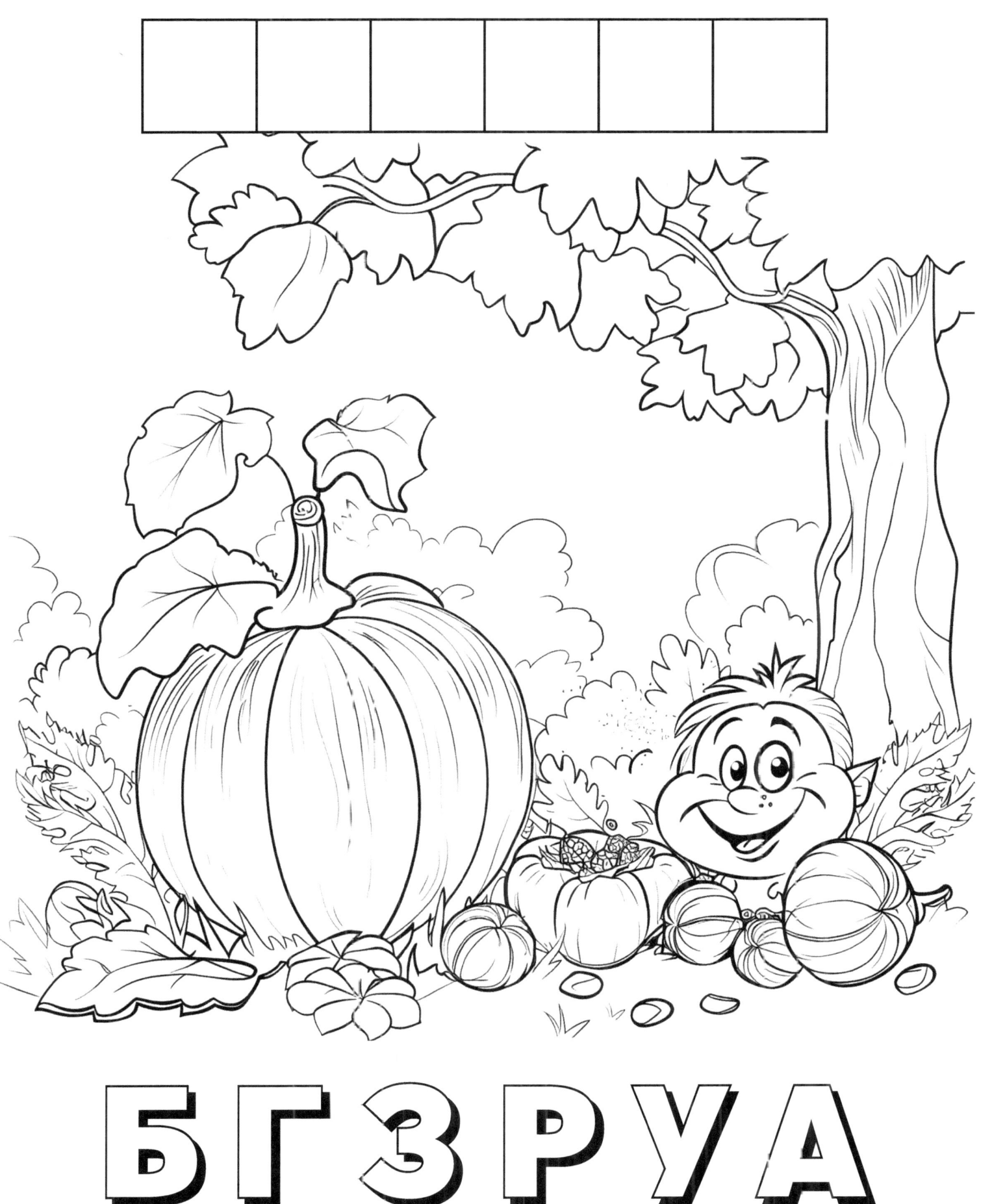

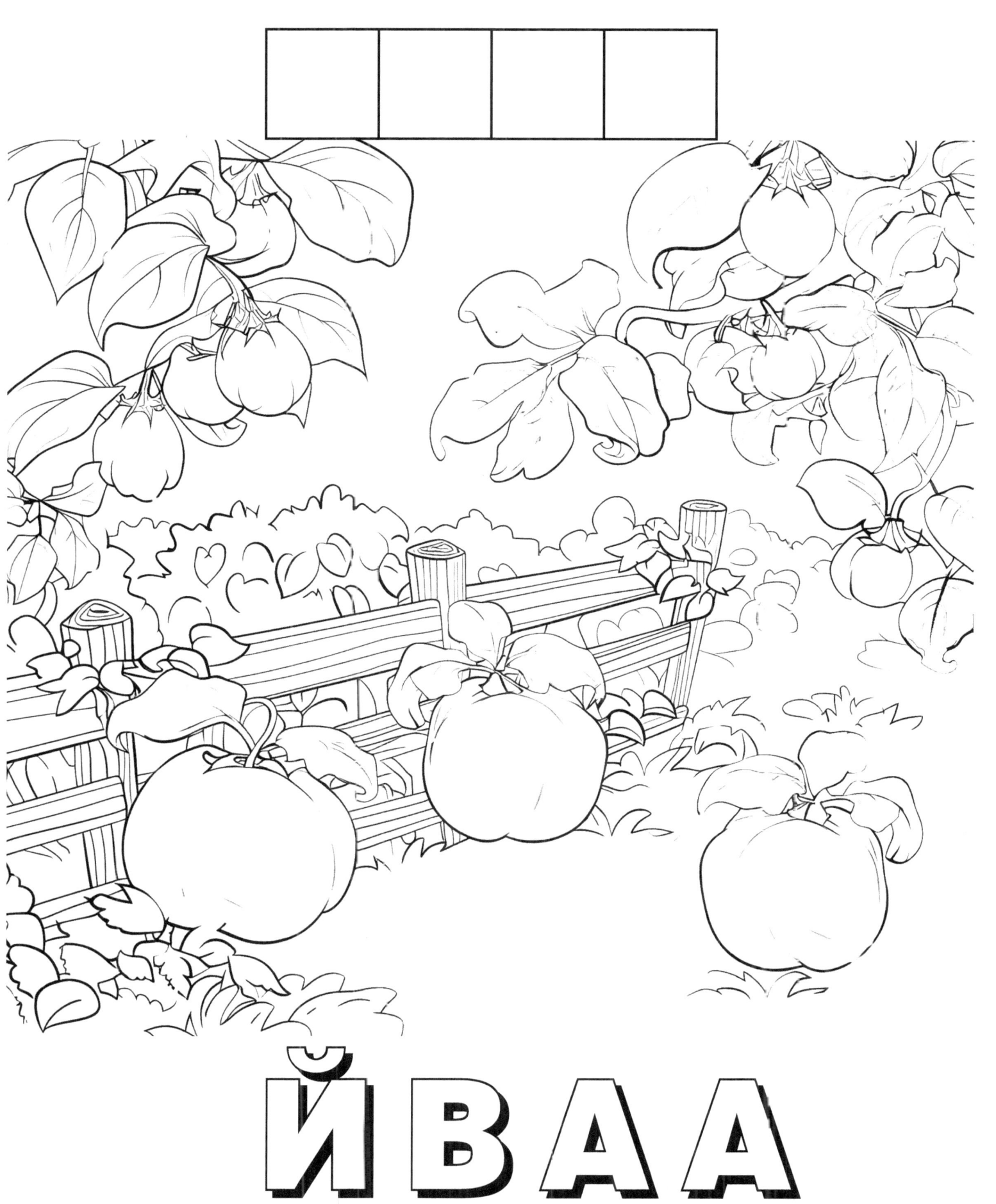

ЙВАА

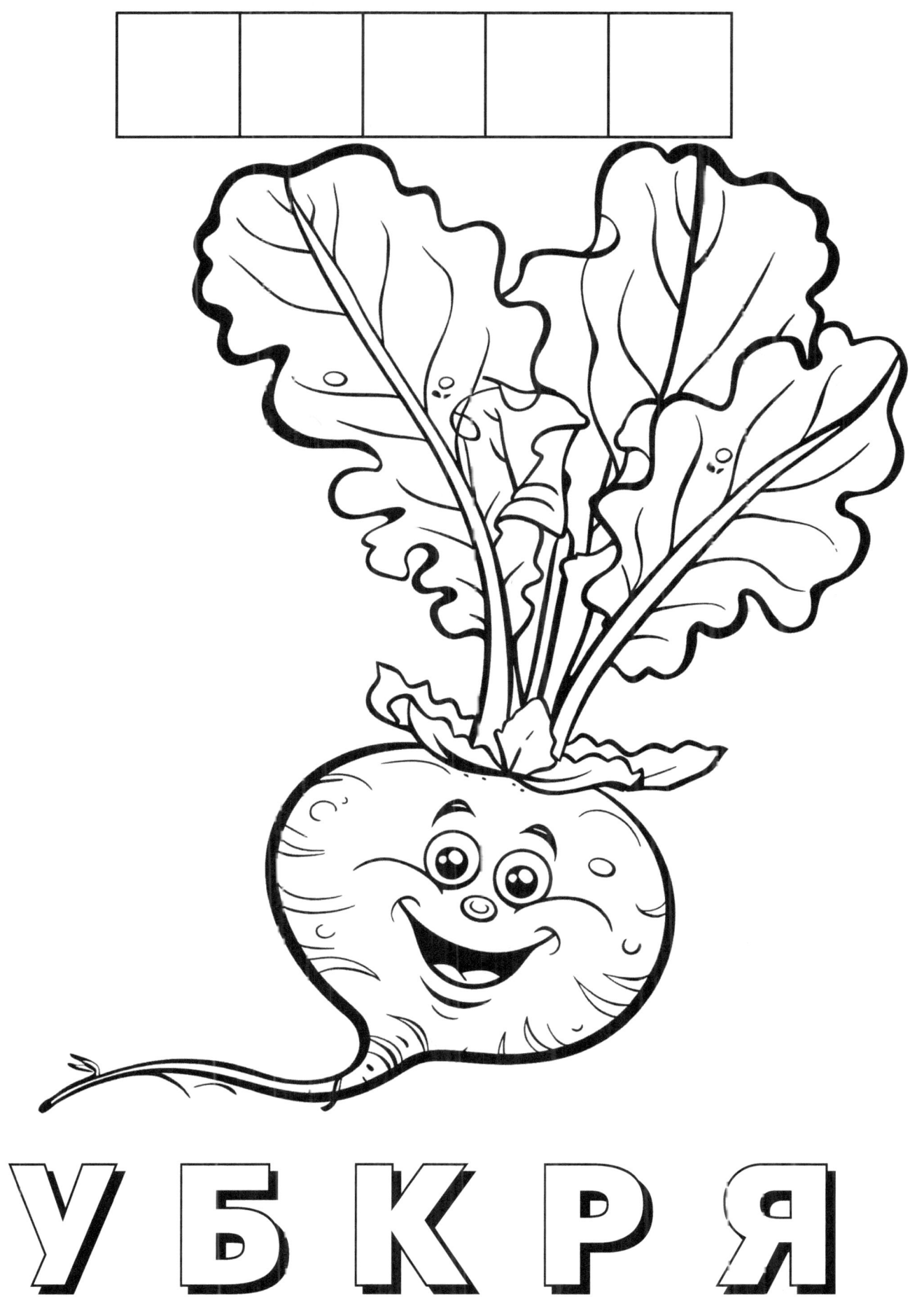

У Б К Р Я

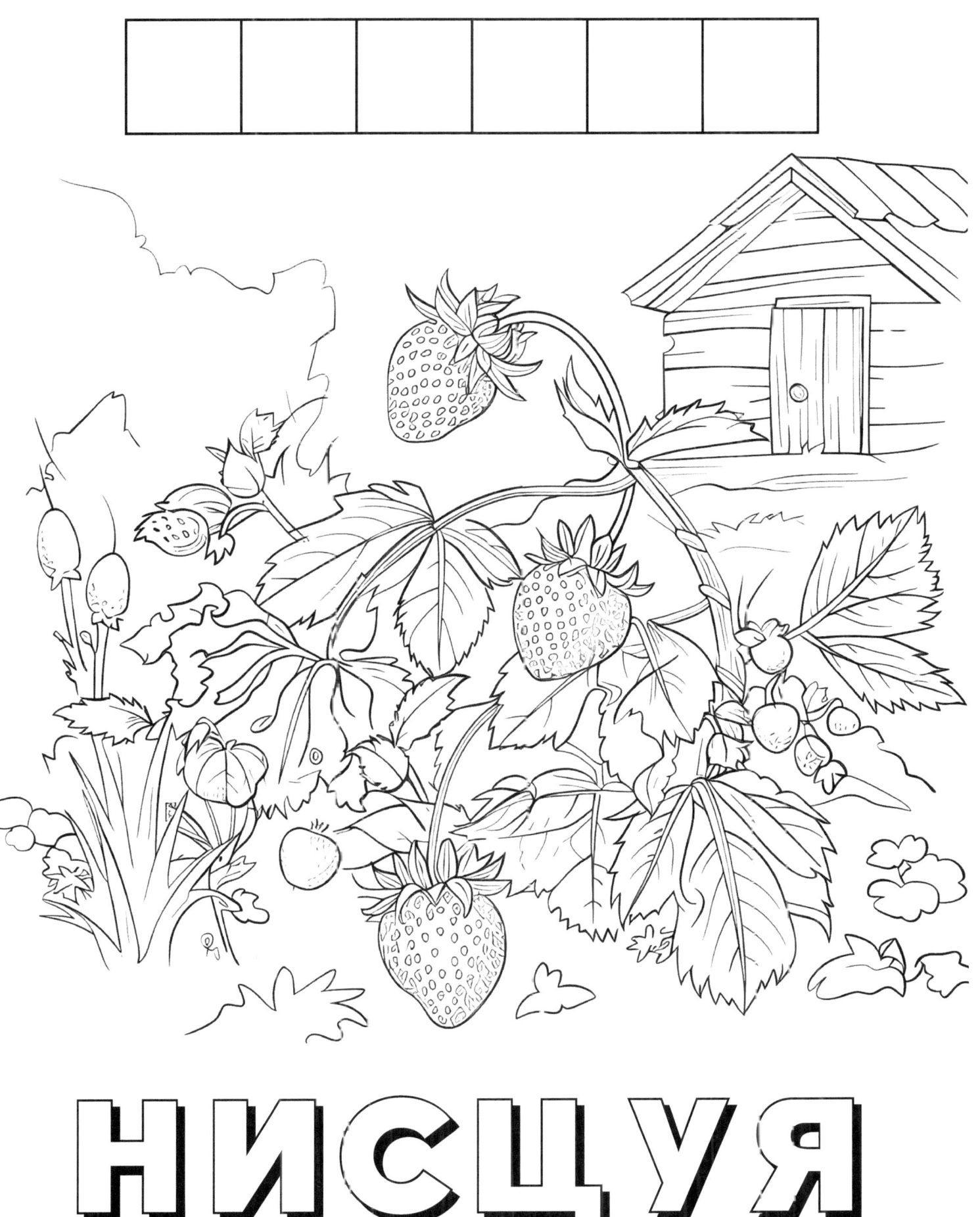

НИСЦУЯ

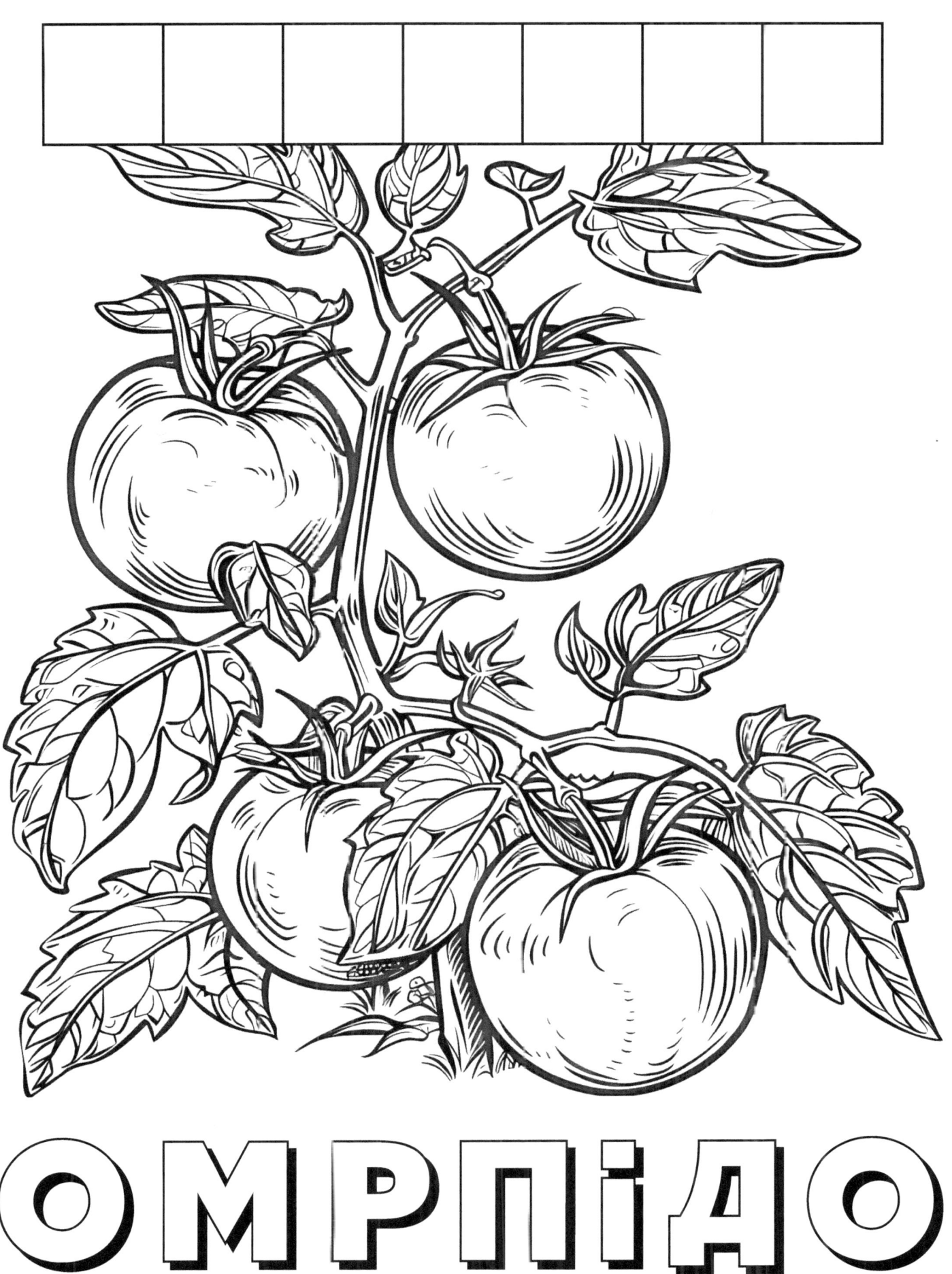

ОМРПІДО

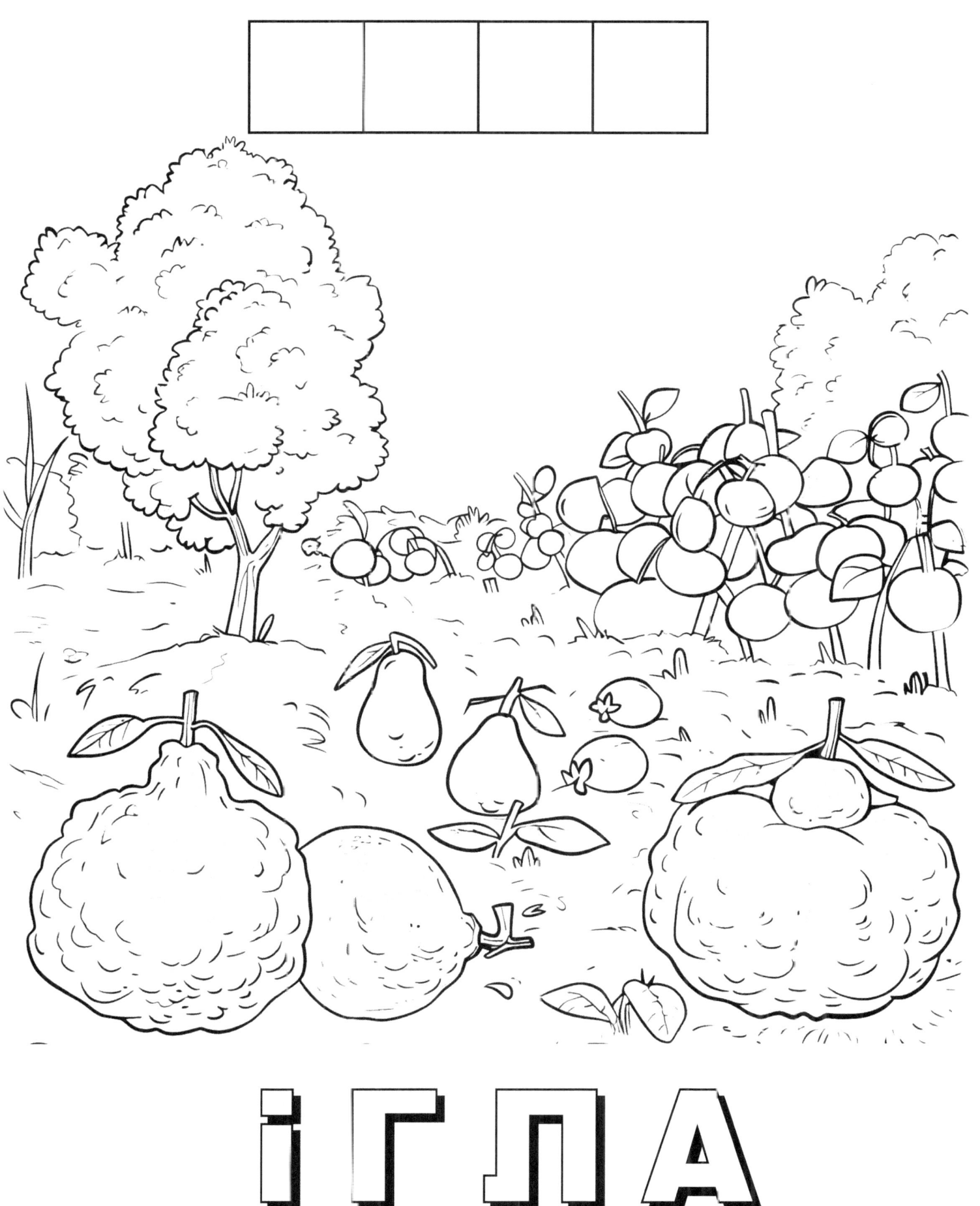

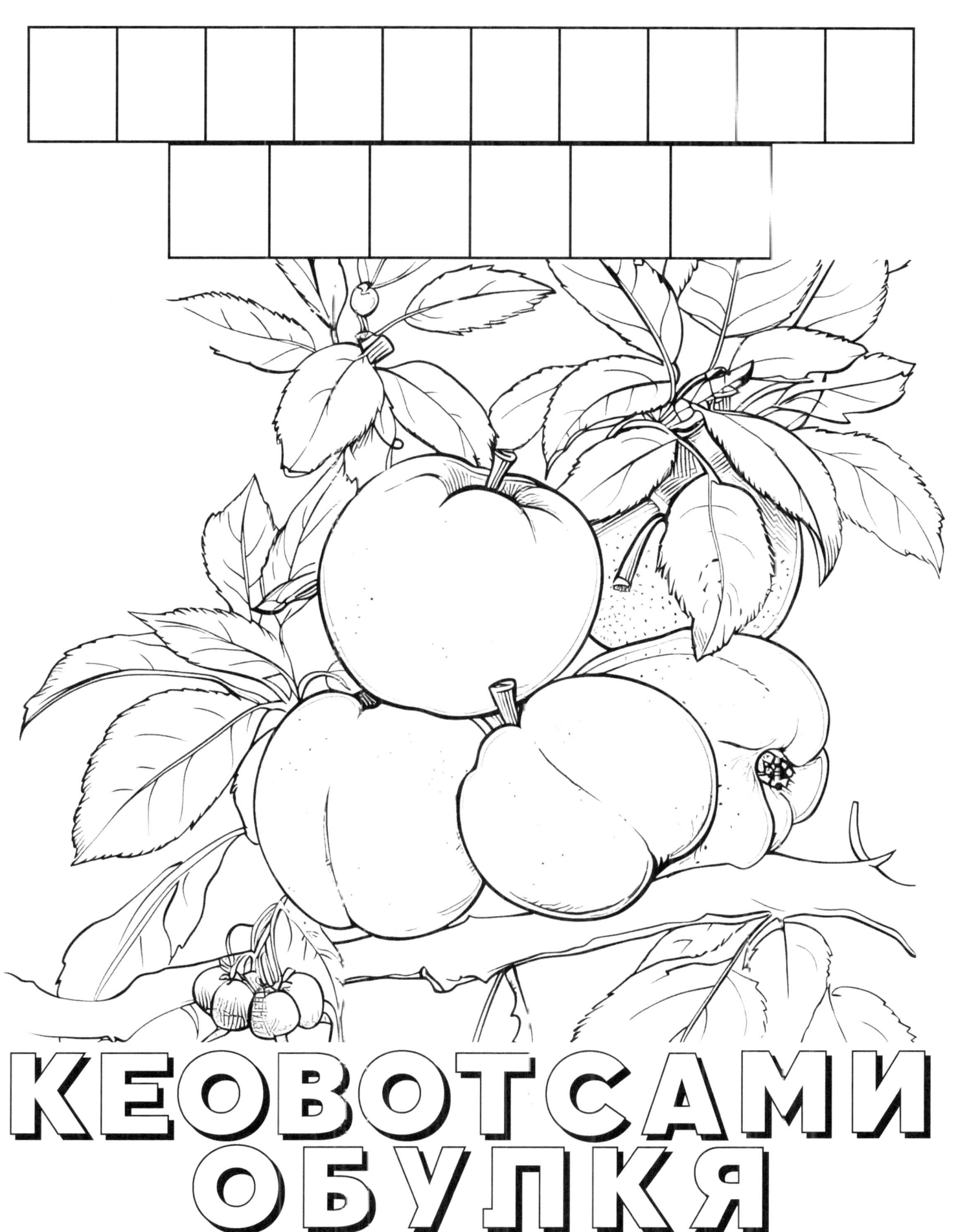

КЕОВОТСАМИ
ОБУЛКЯ

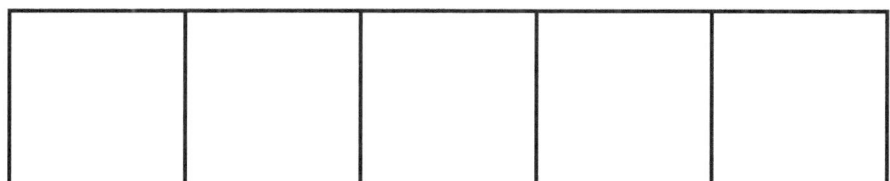

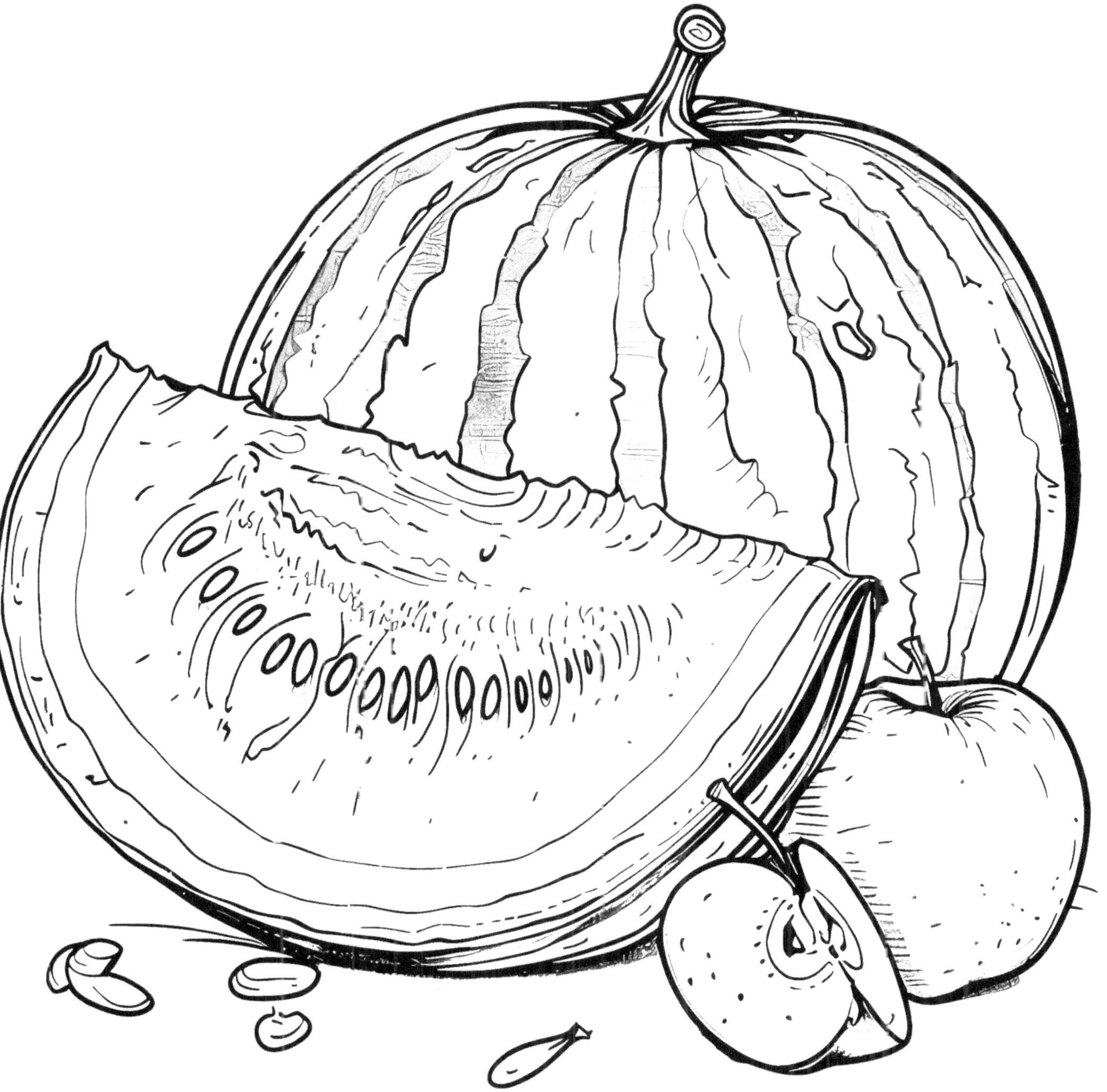

У А К В Н

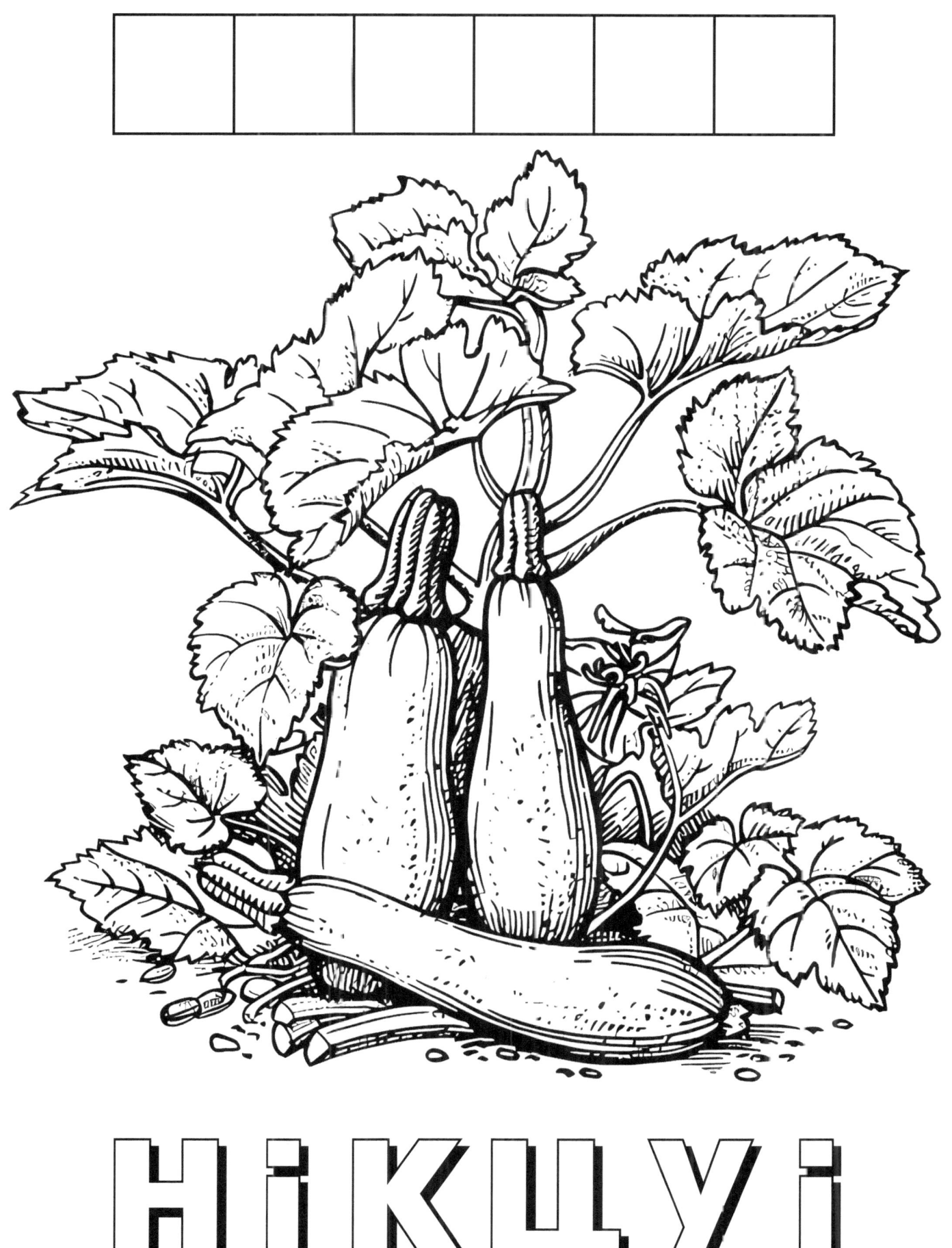

н і к ц у і

ПРОДОВЖУЄМО

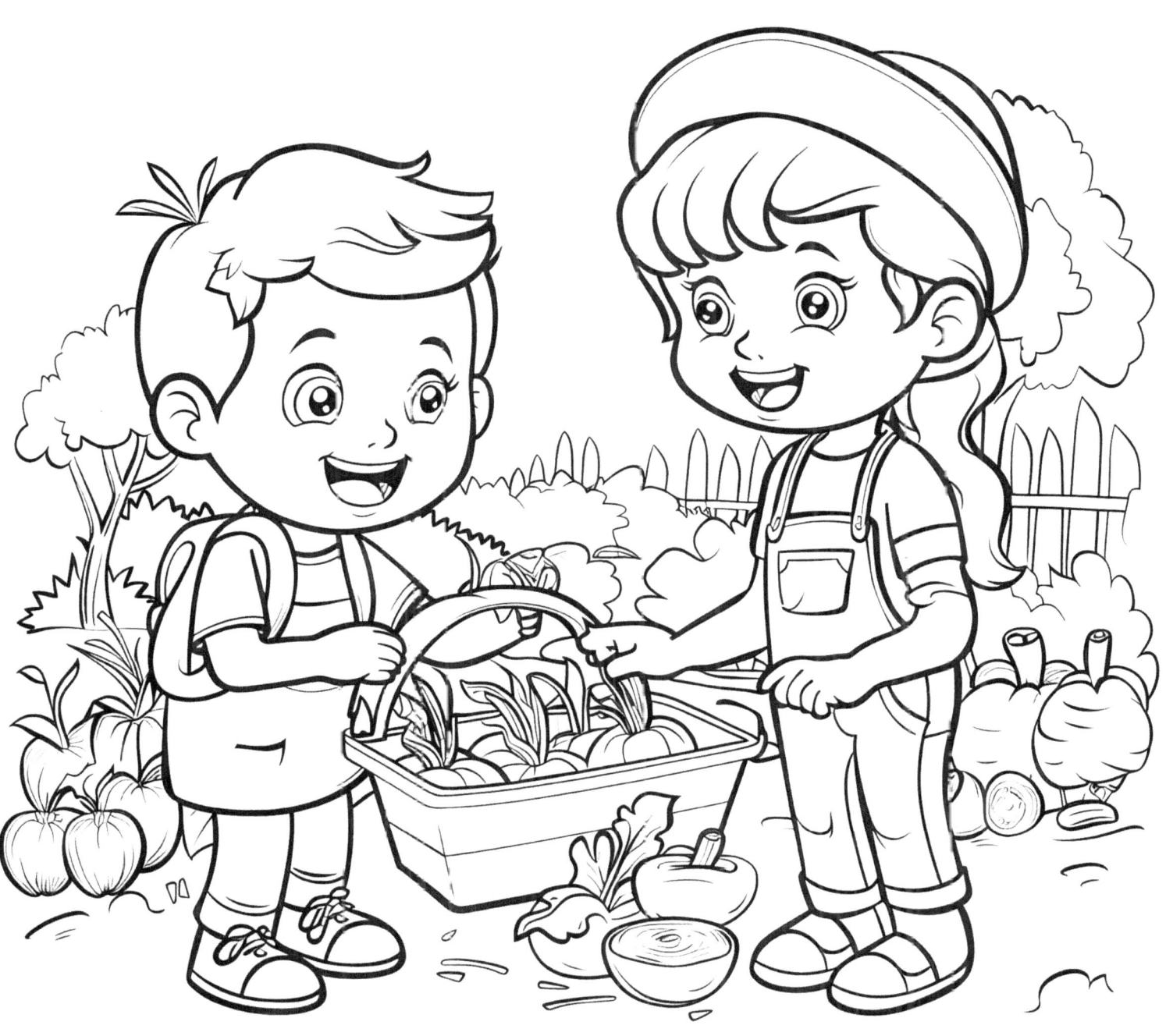

МАЛЮВАТИ

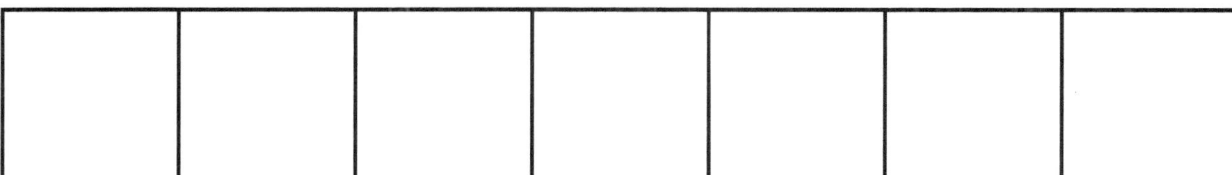

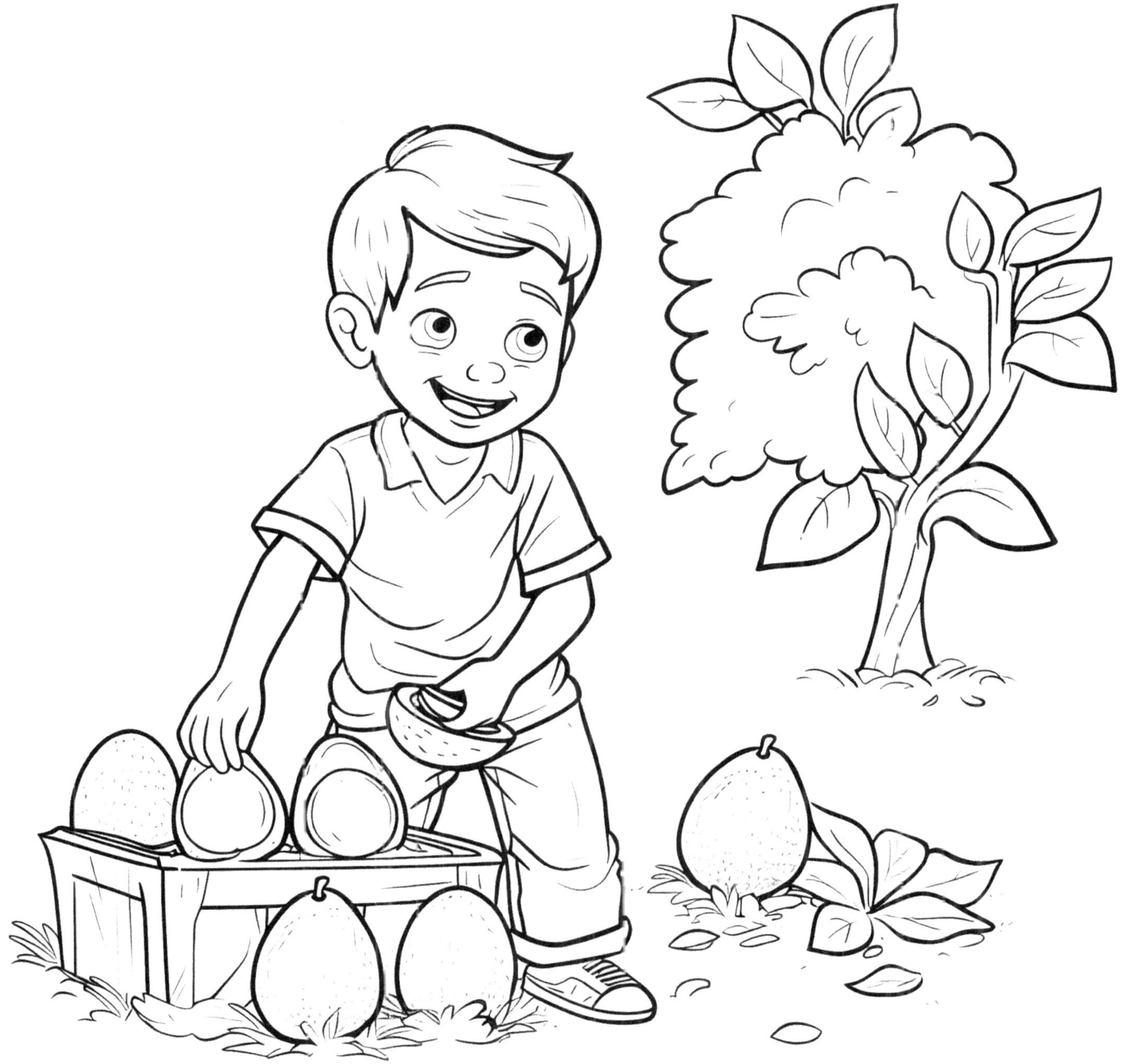

ВАДКОАО

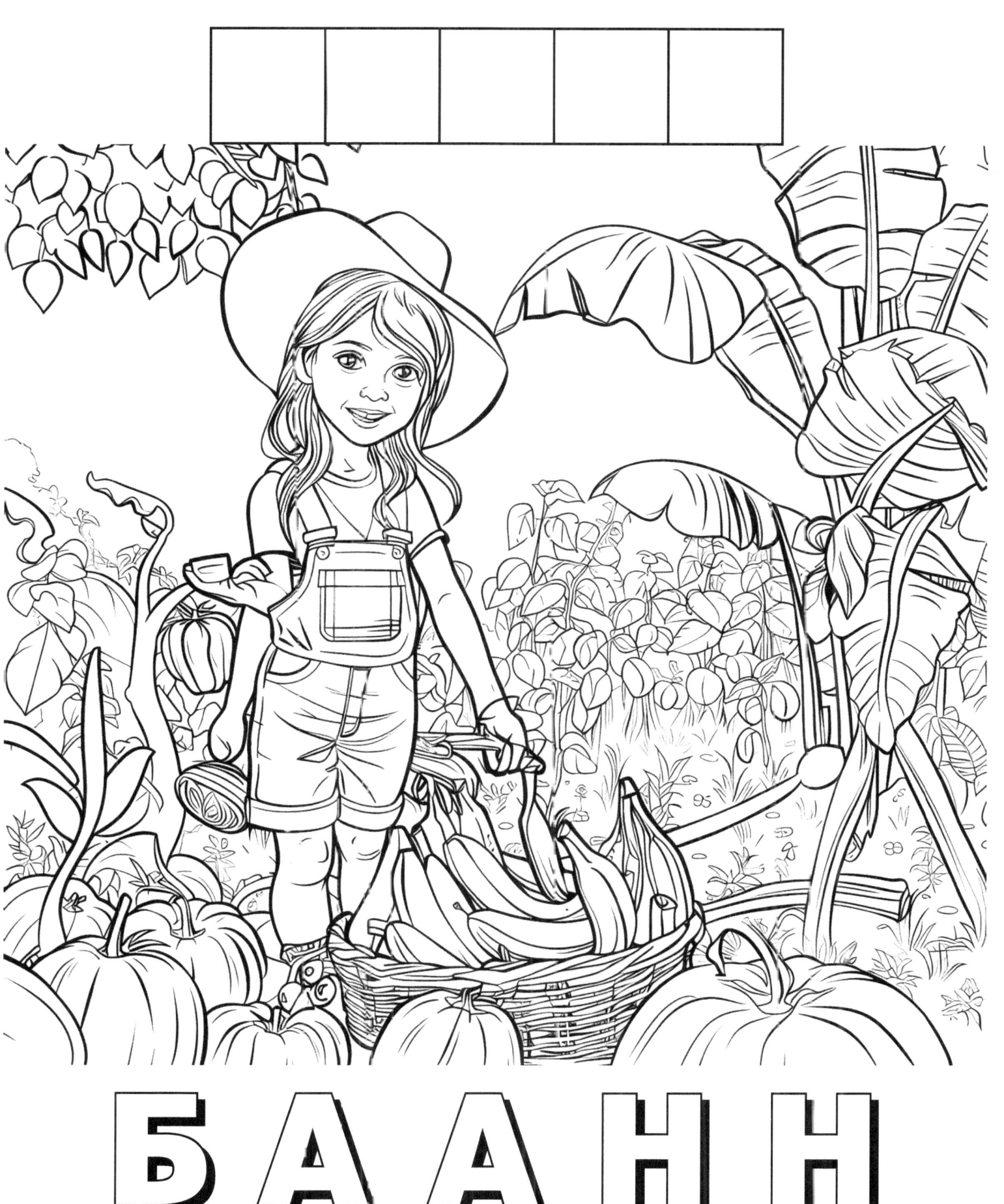

БААНН

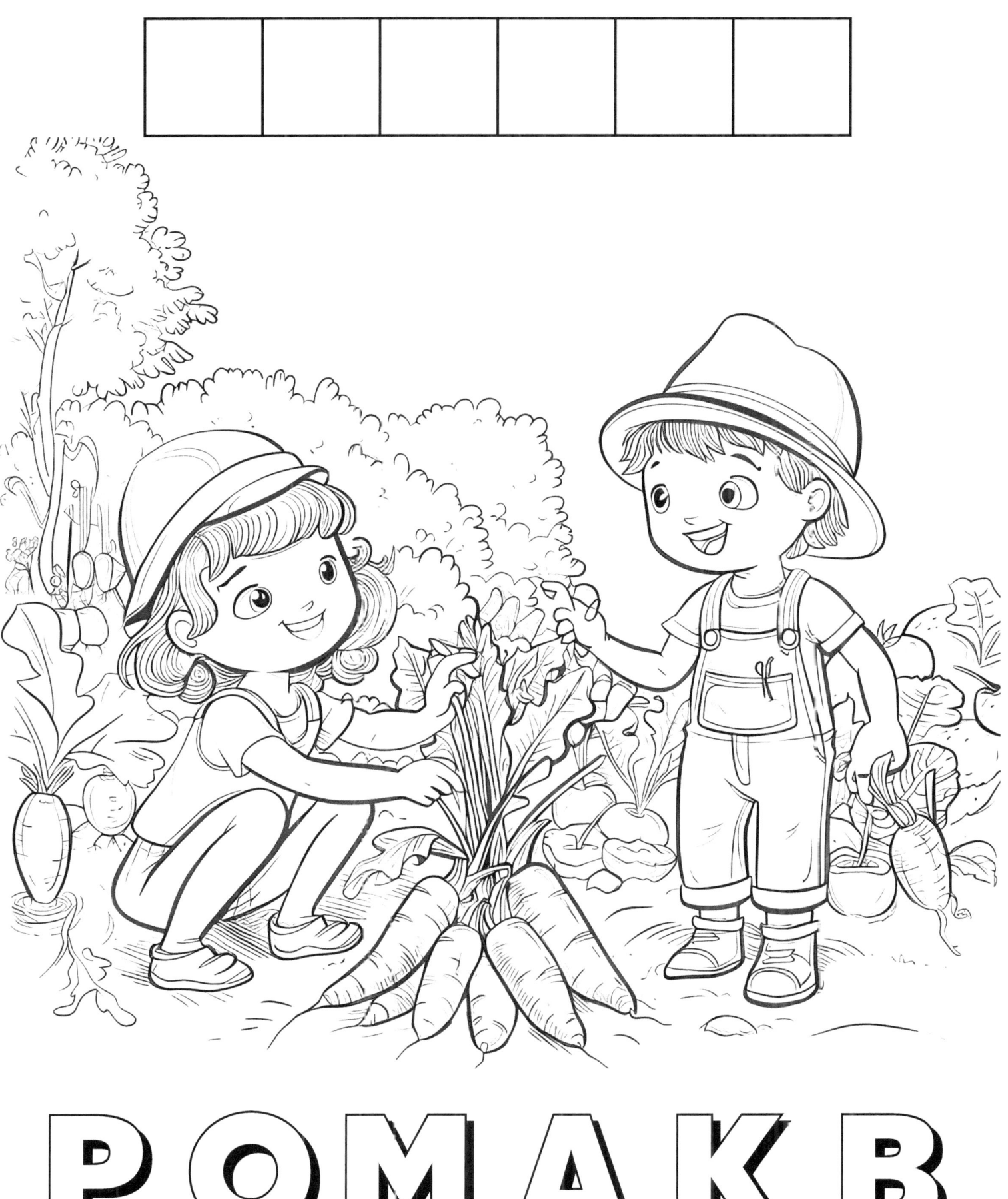

РОМАКВ

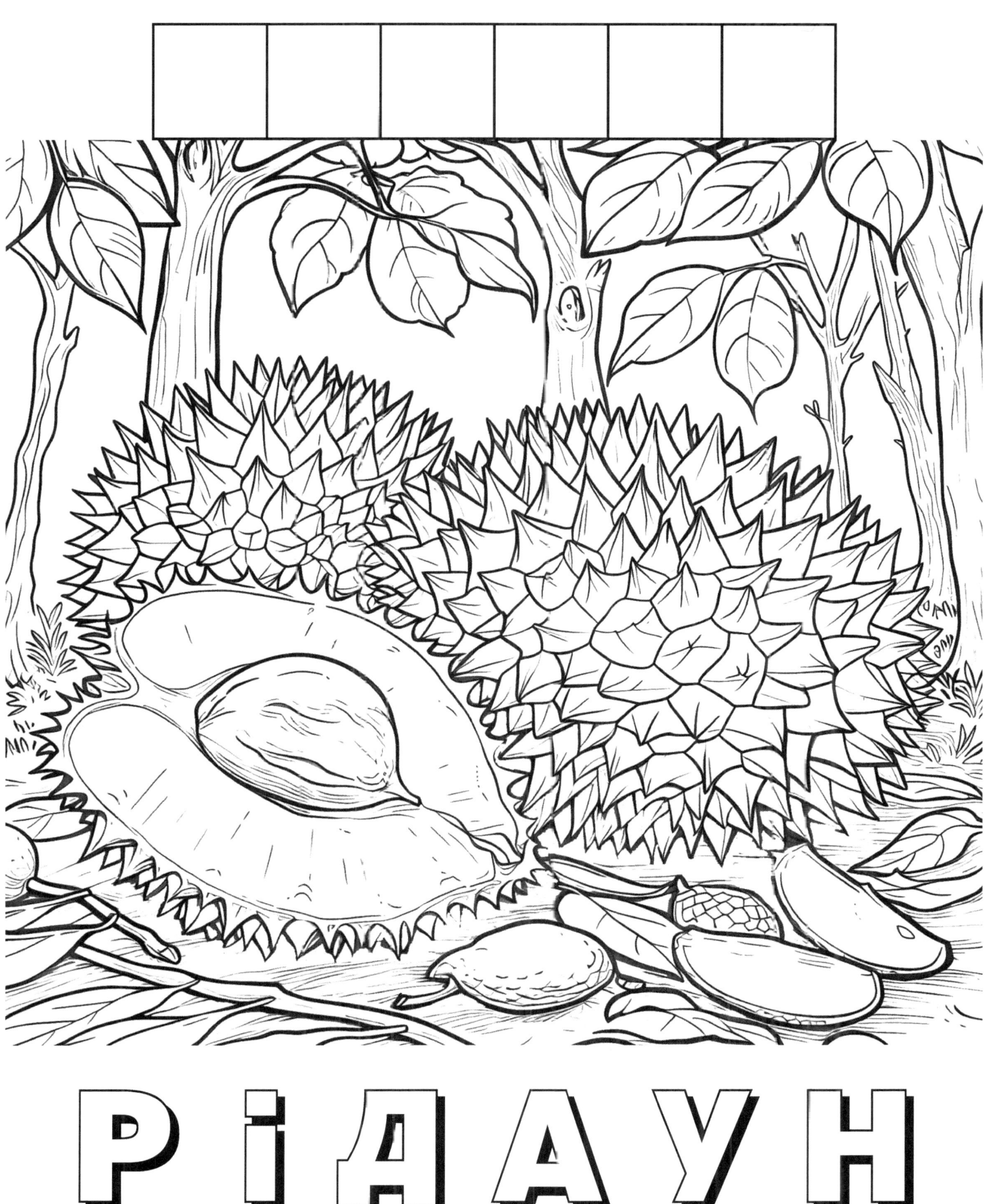

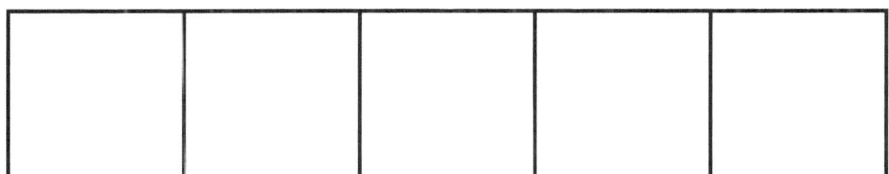

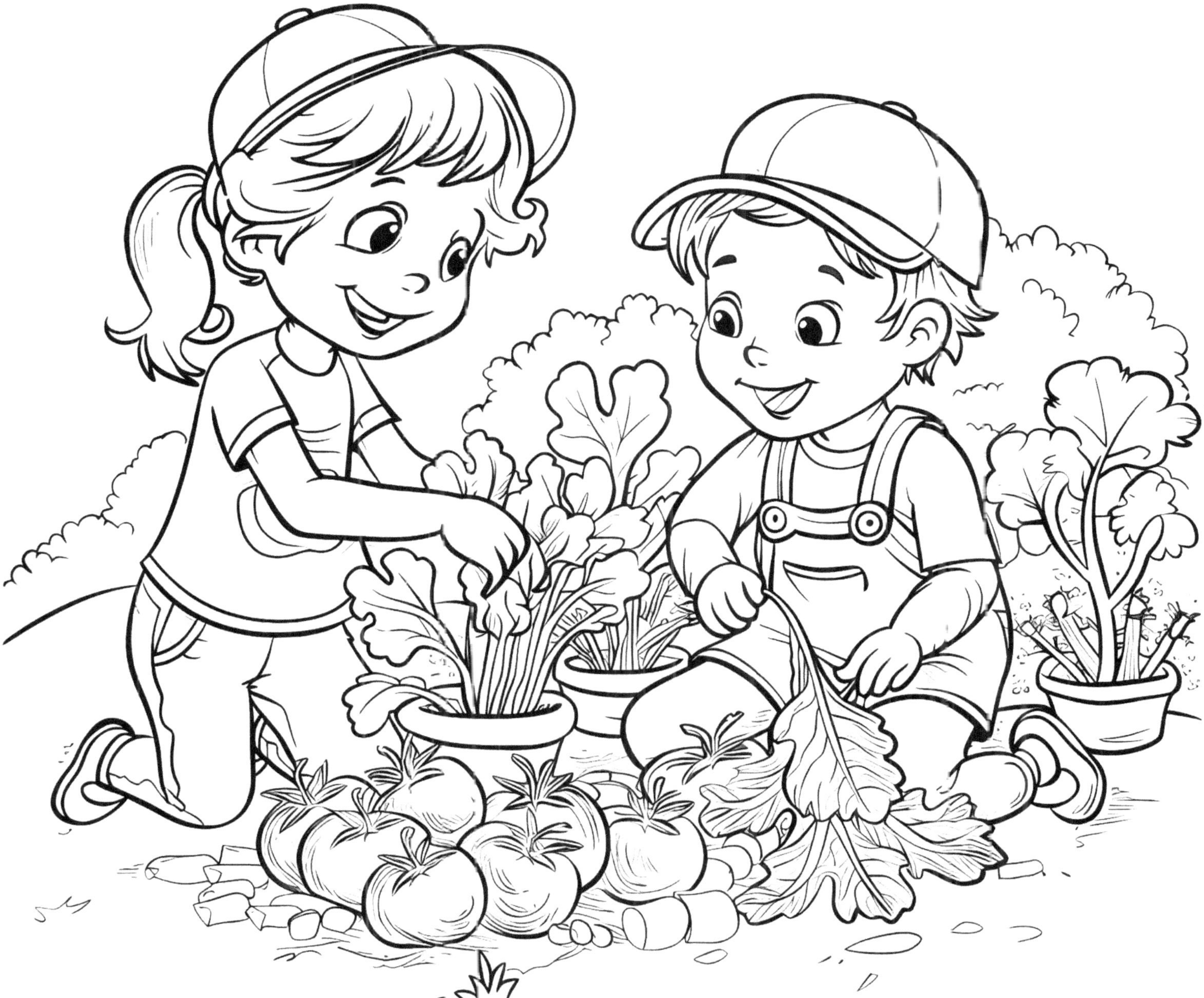

ПААСТ

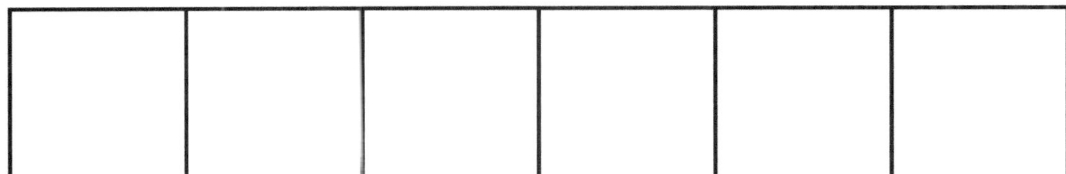

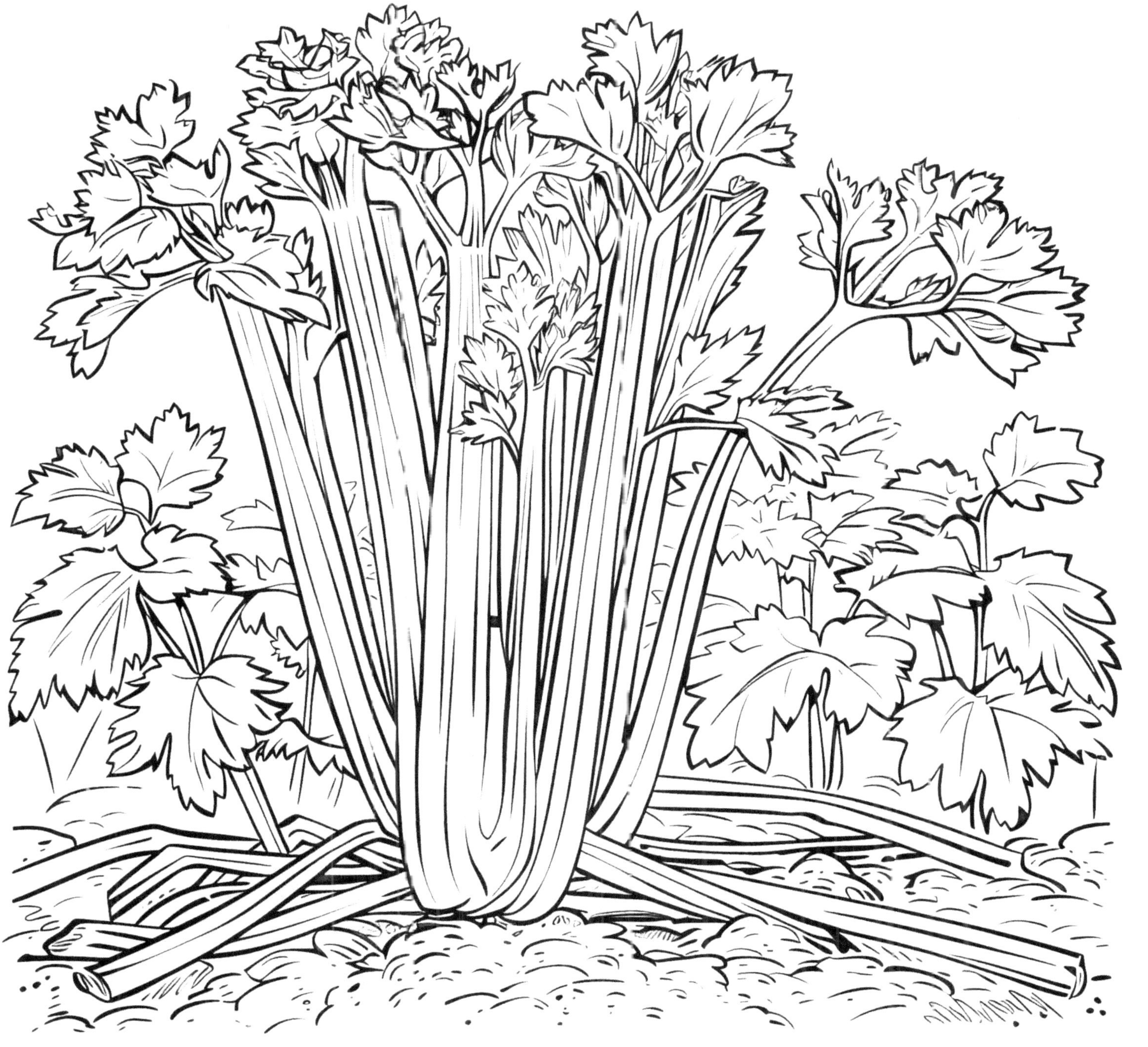

СРАЕПЕ

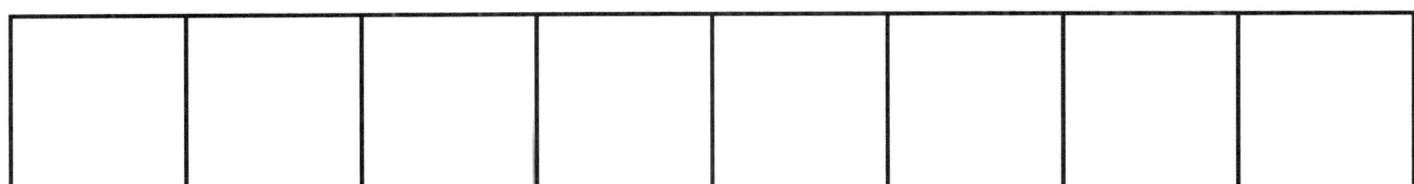

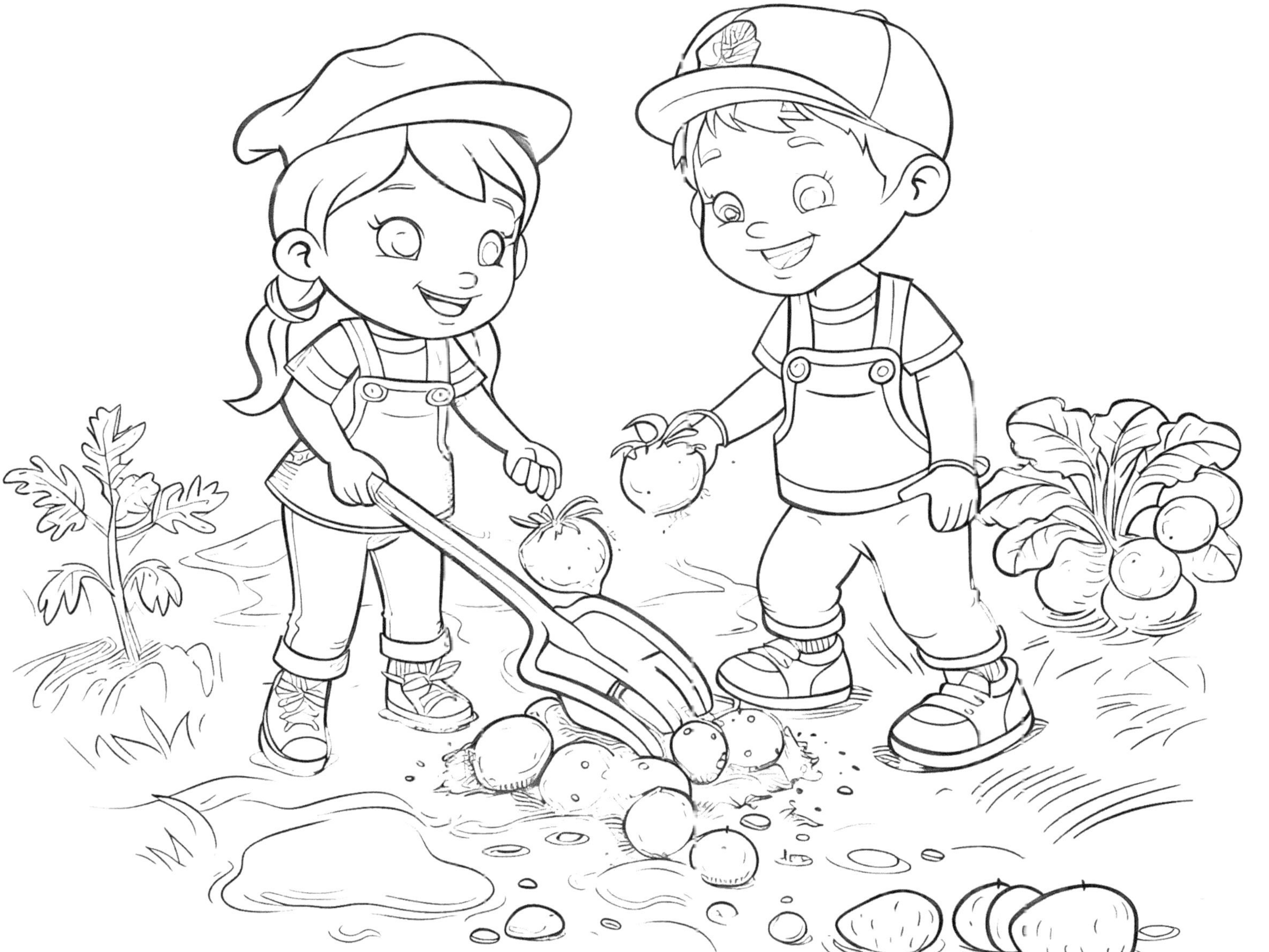

ПАКЯТПРТ

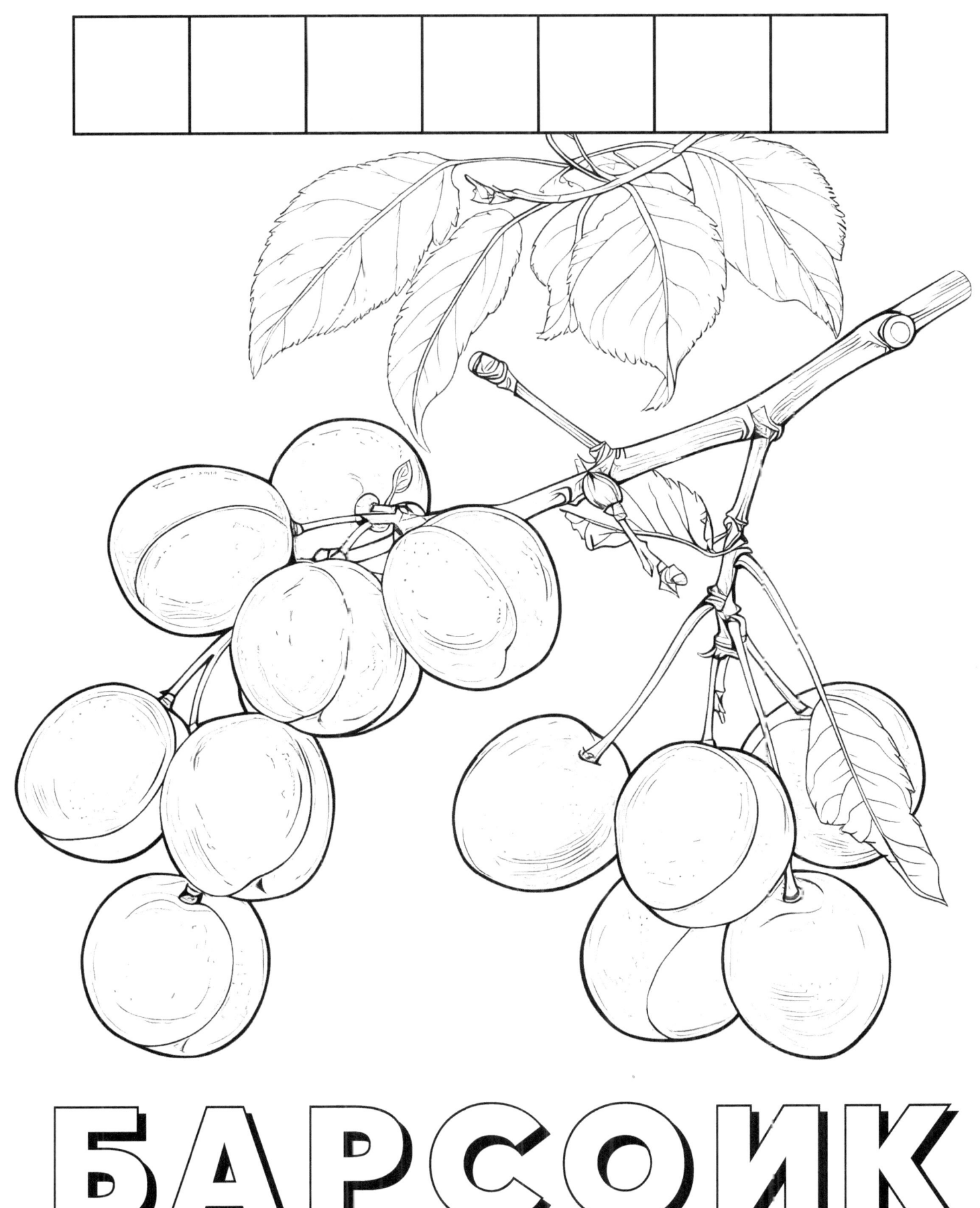

БАРСОИК

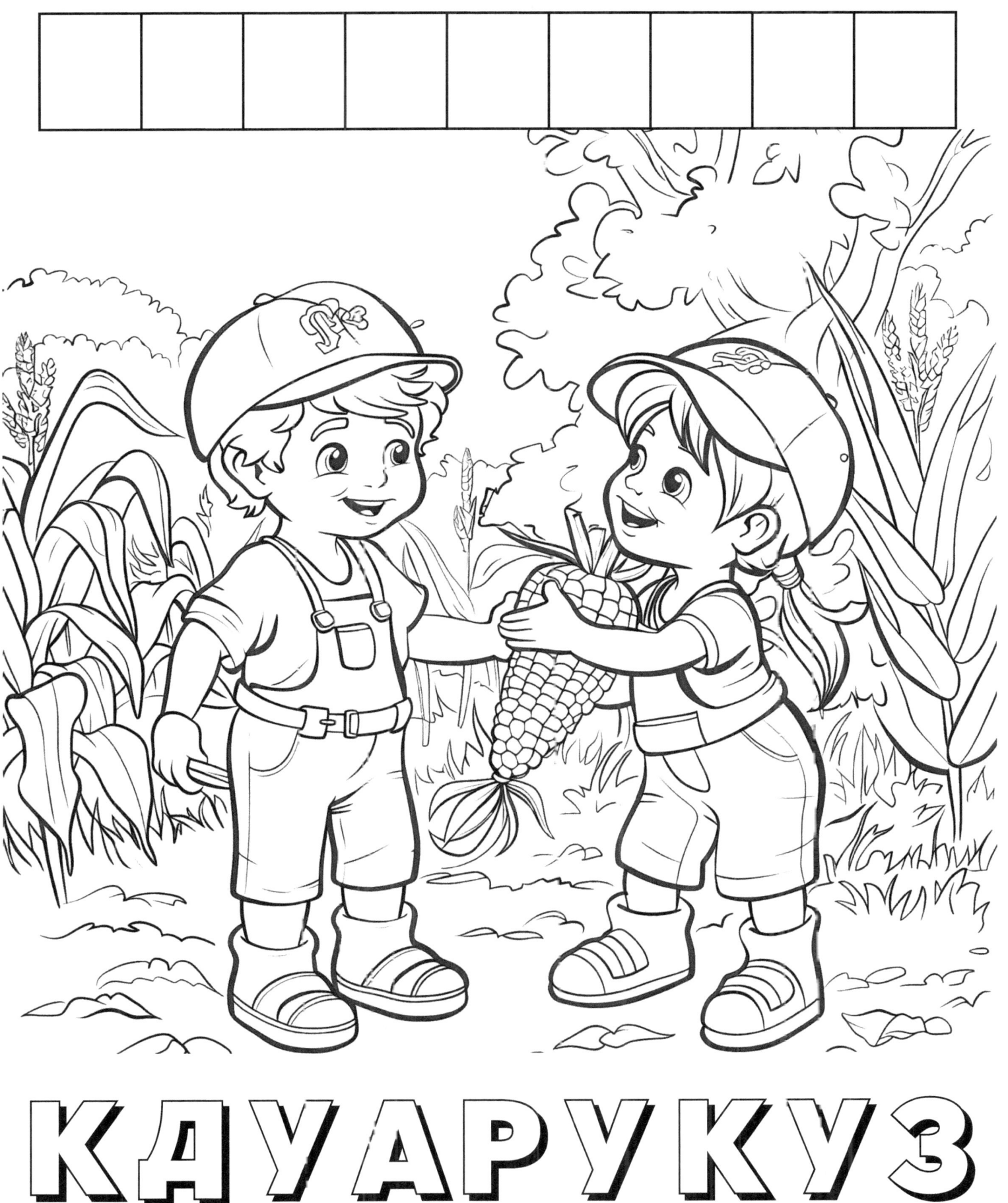

КАУАРУКУЗ

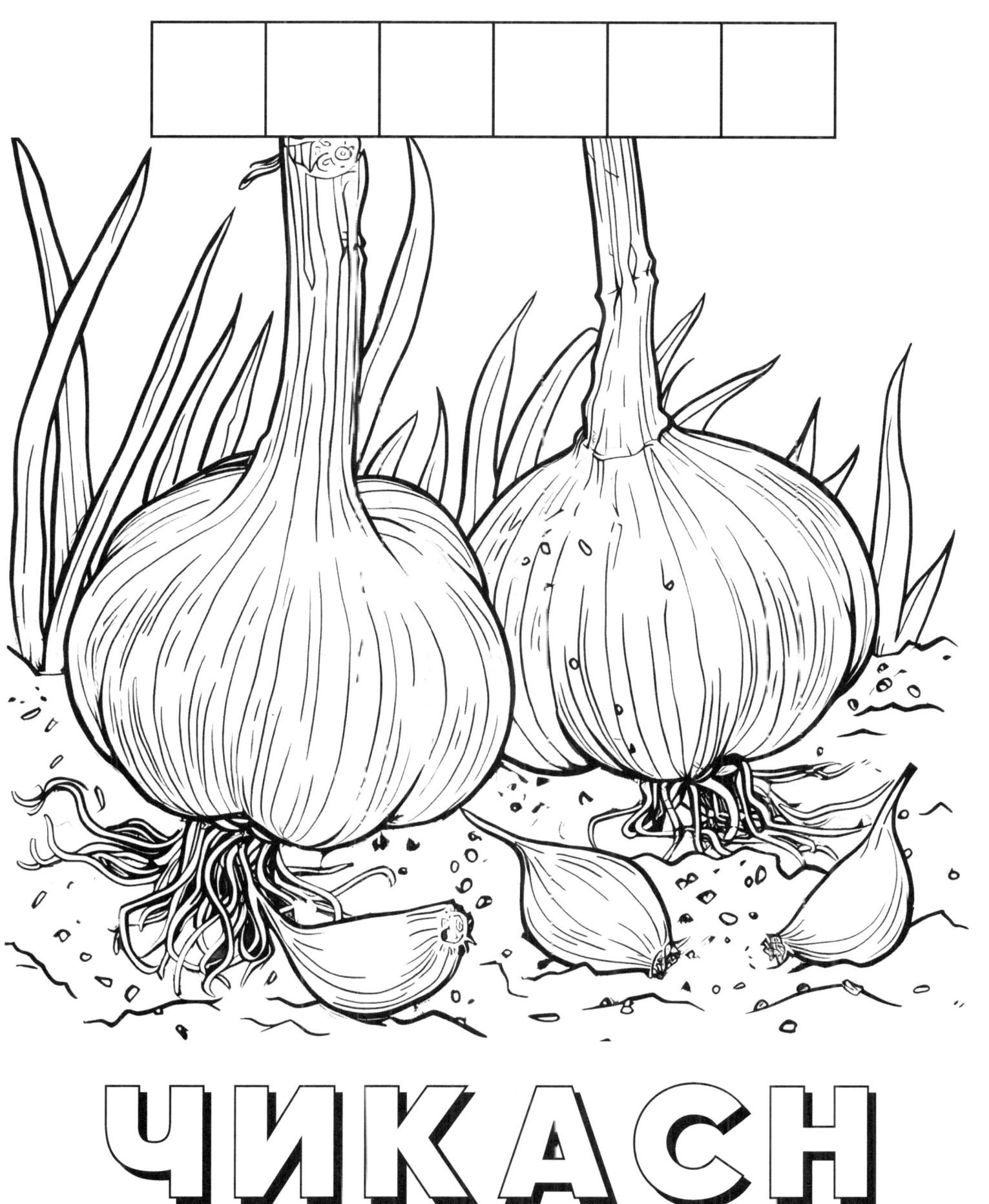

ЧИКАСН

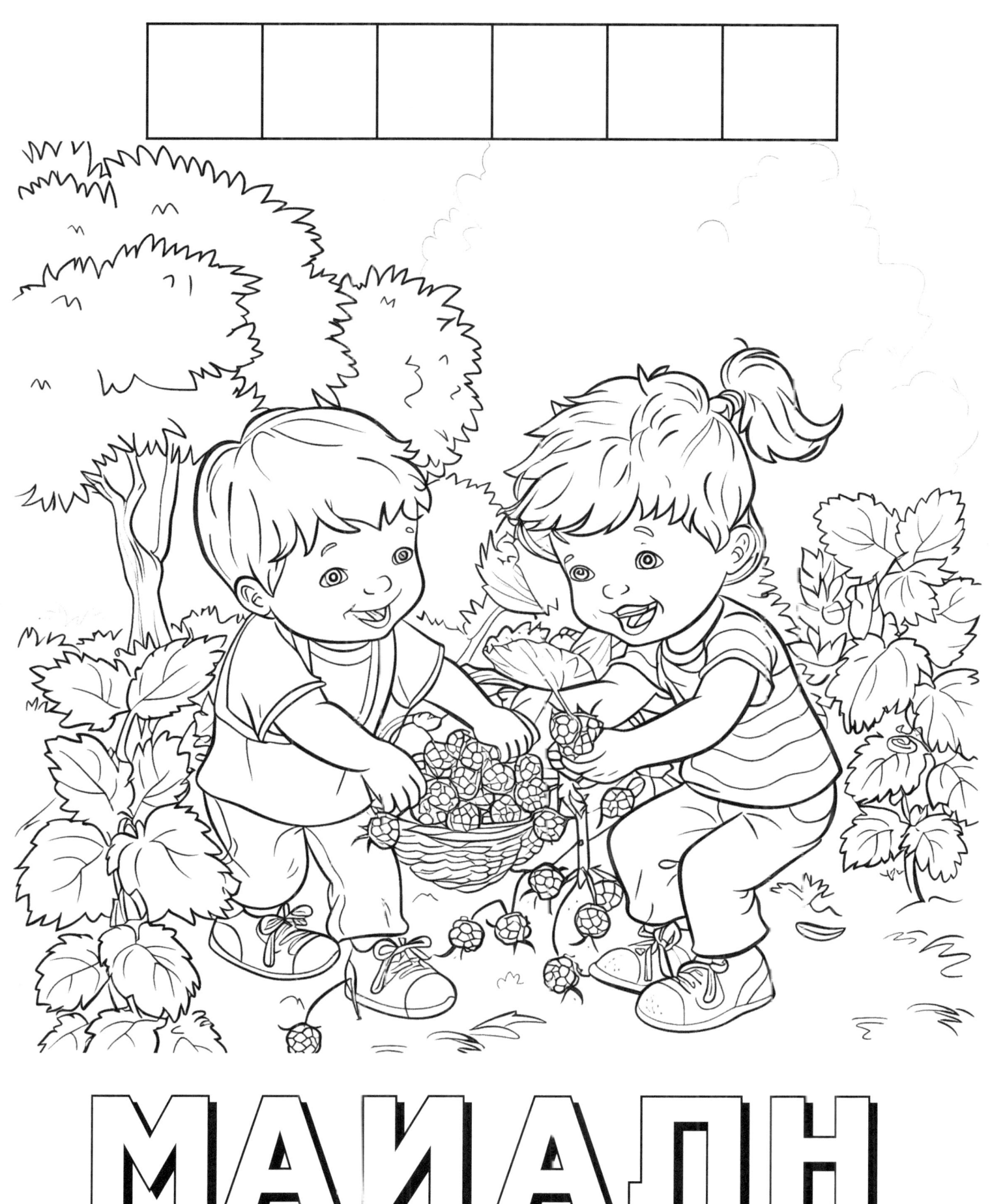

МАИАЛН

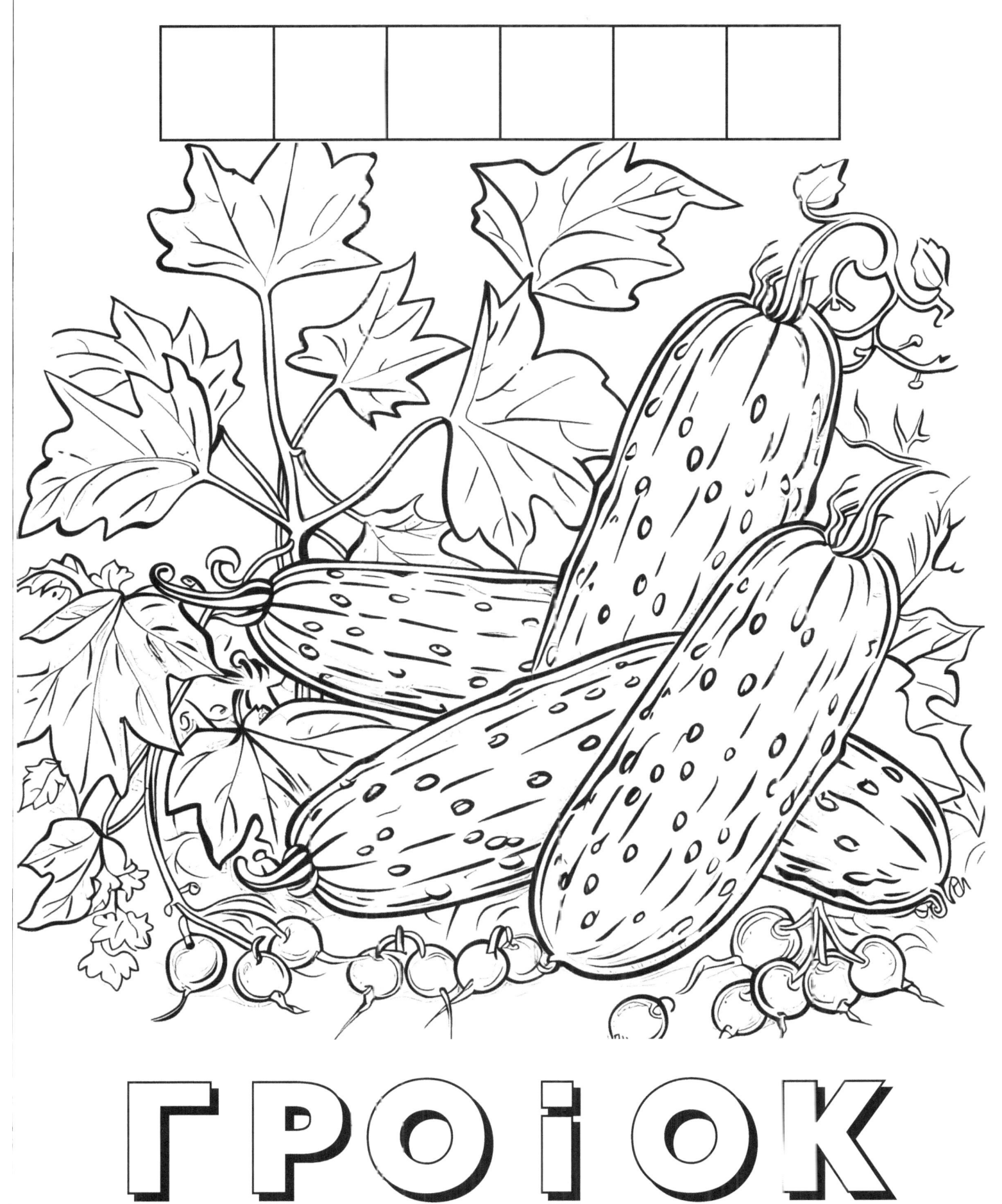

ГРОіОК

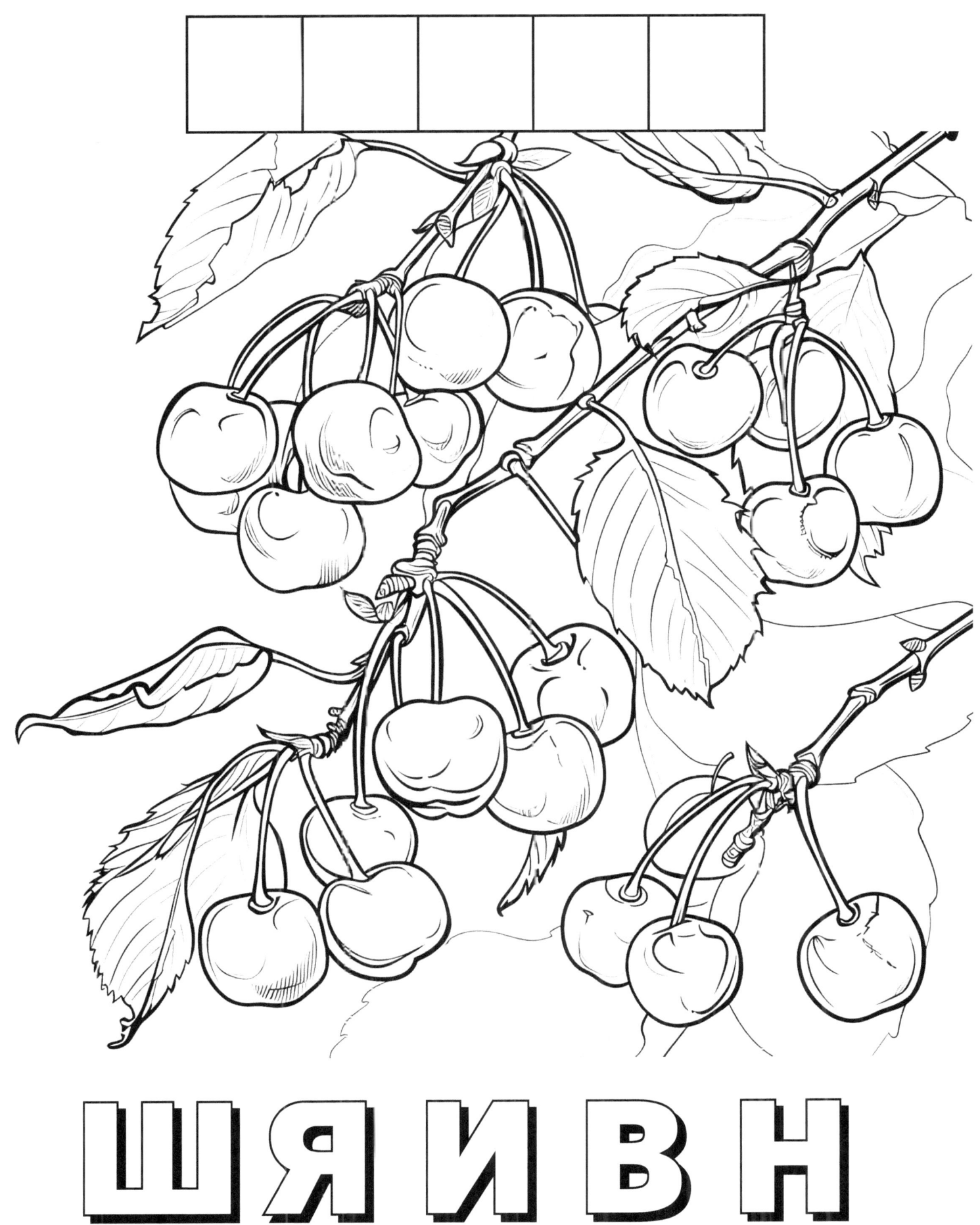

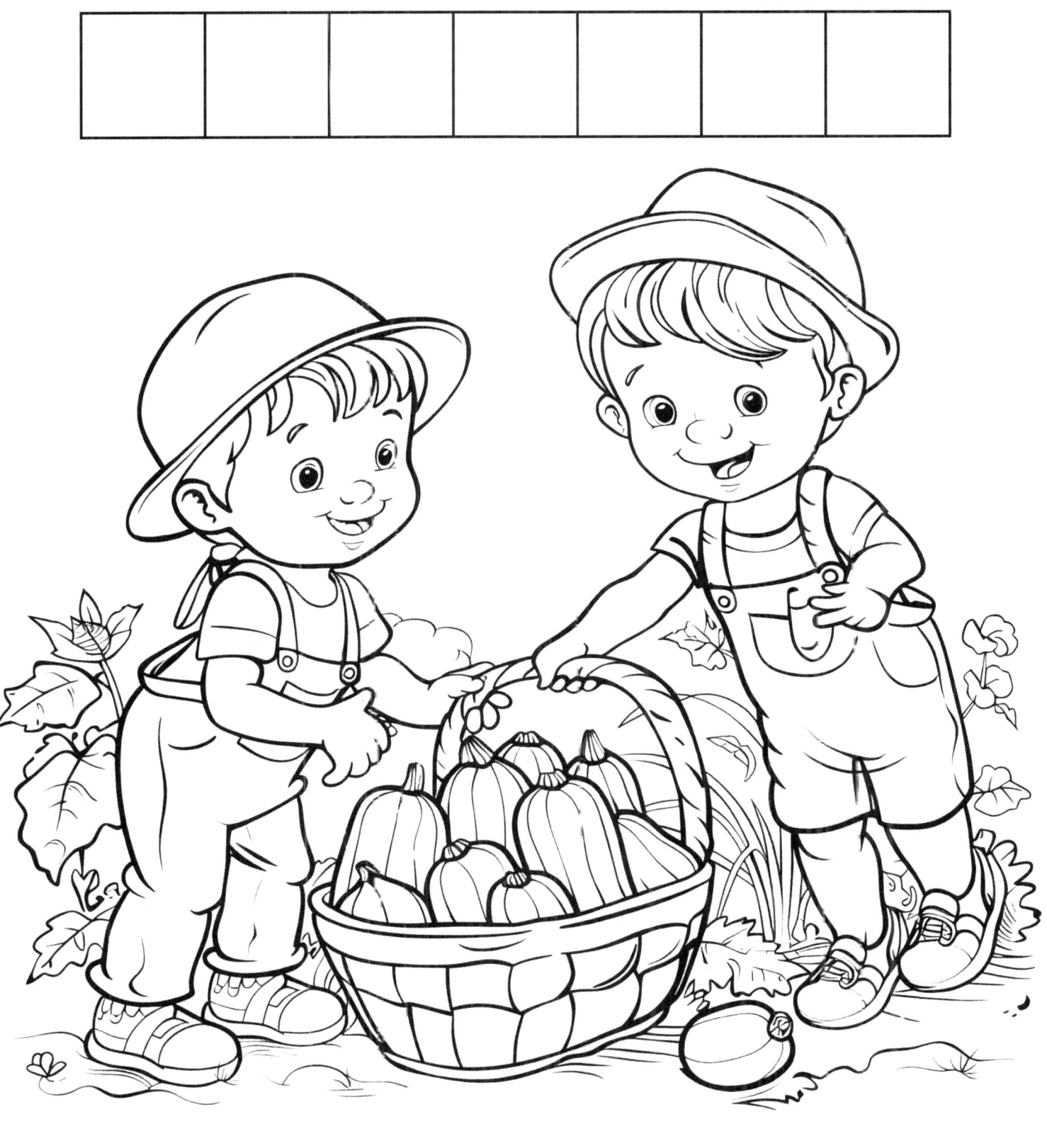

БАЧАОКК

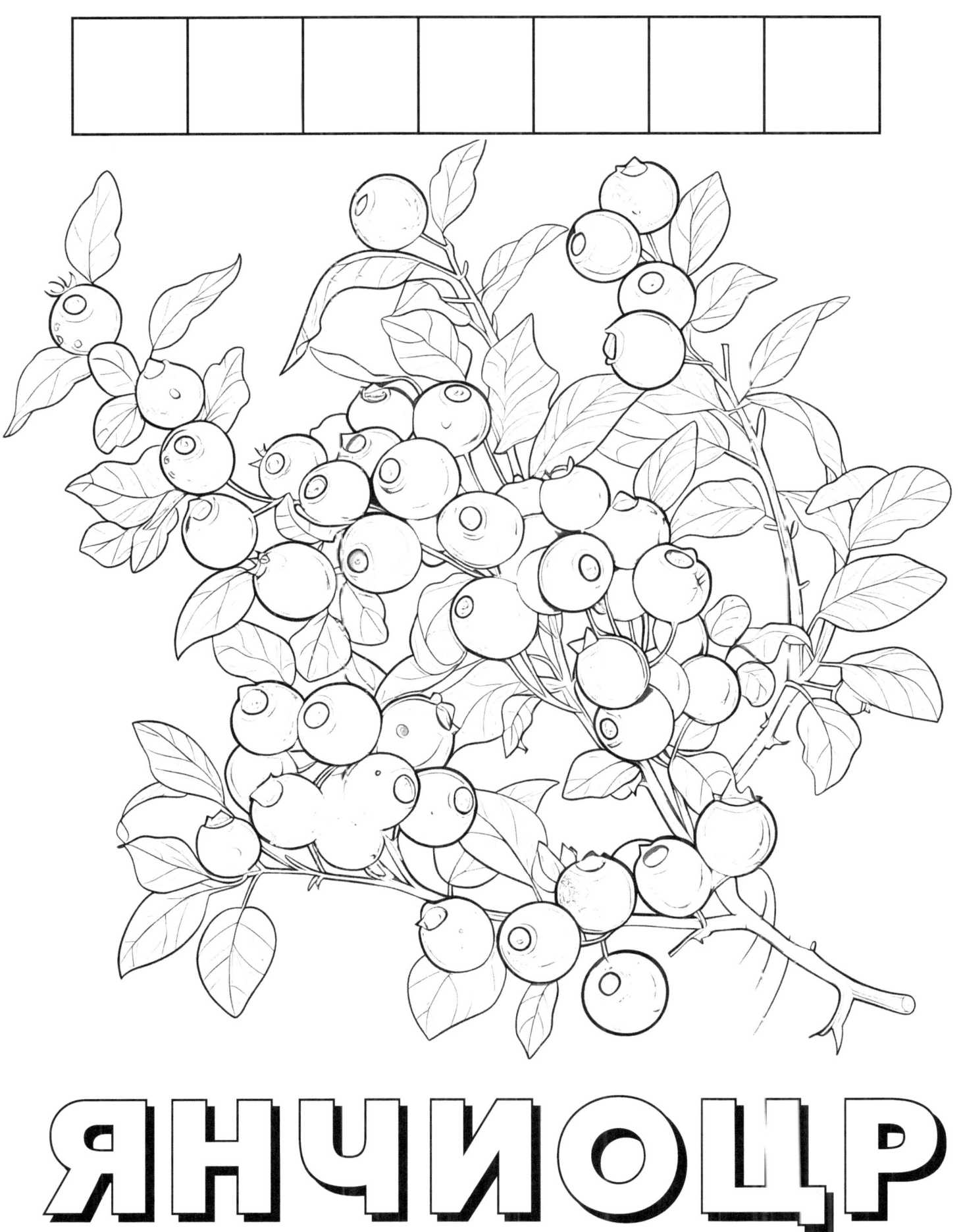

ЯНЧИОЦР

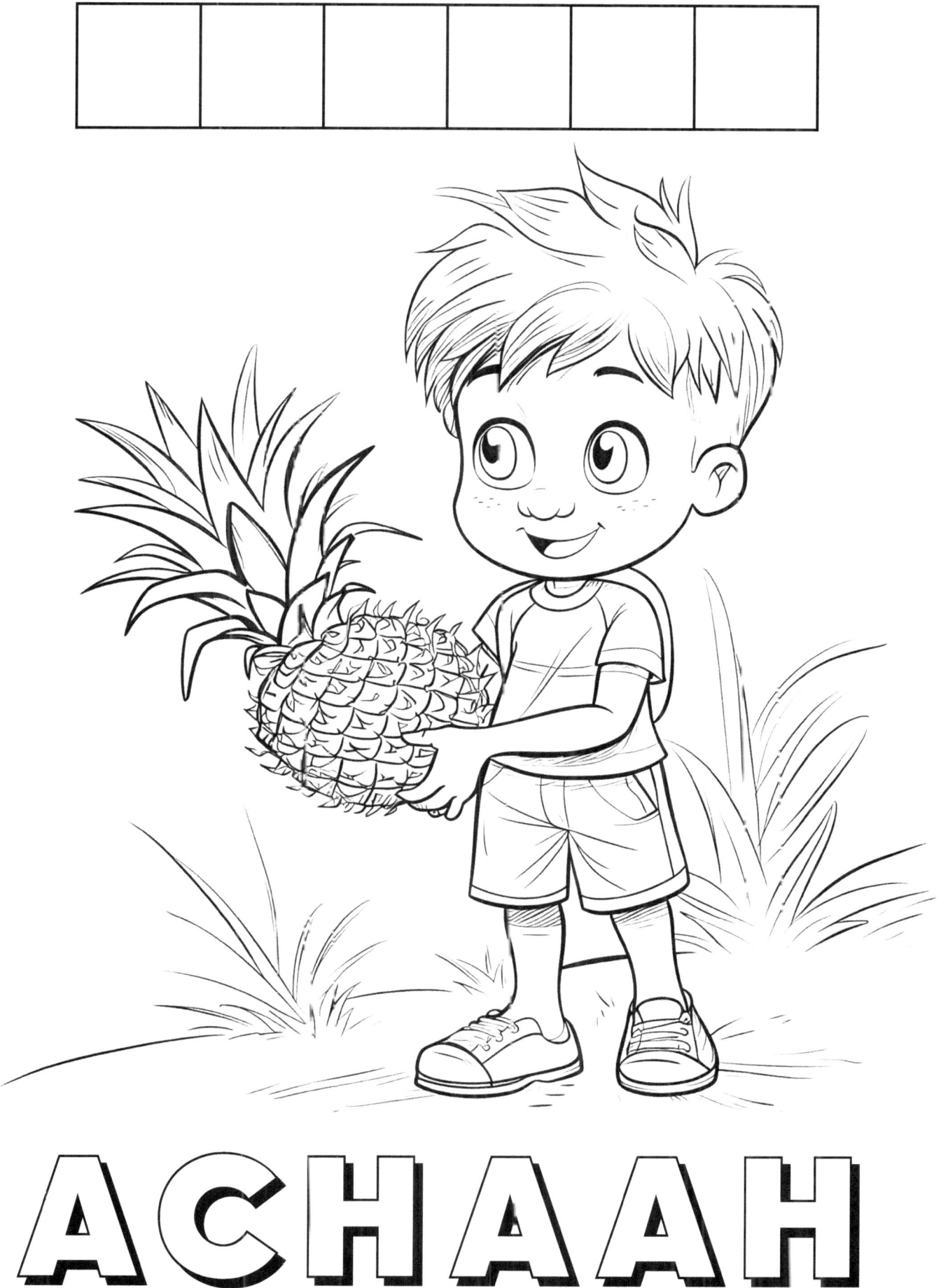

АНАНАС

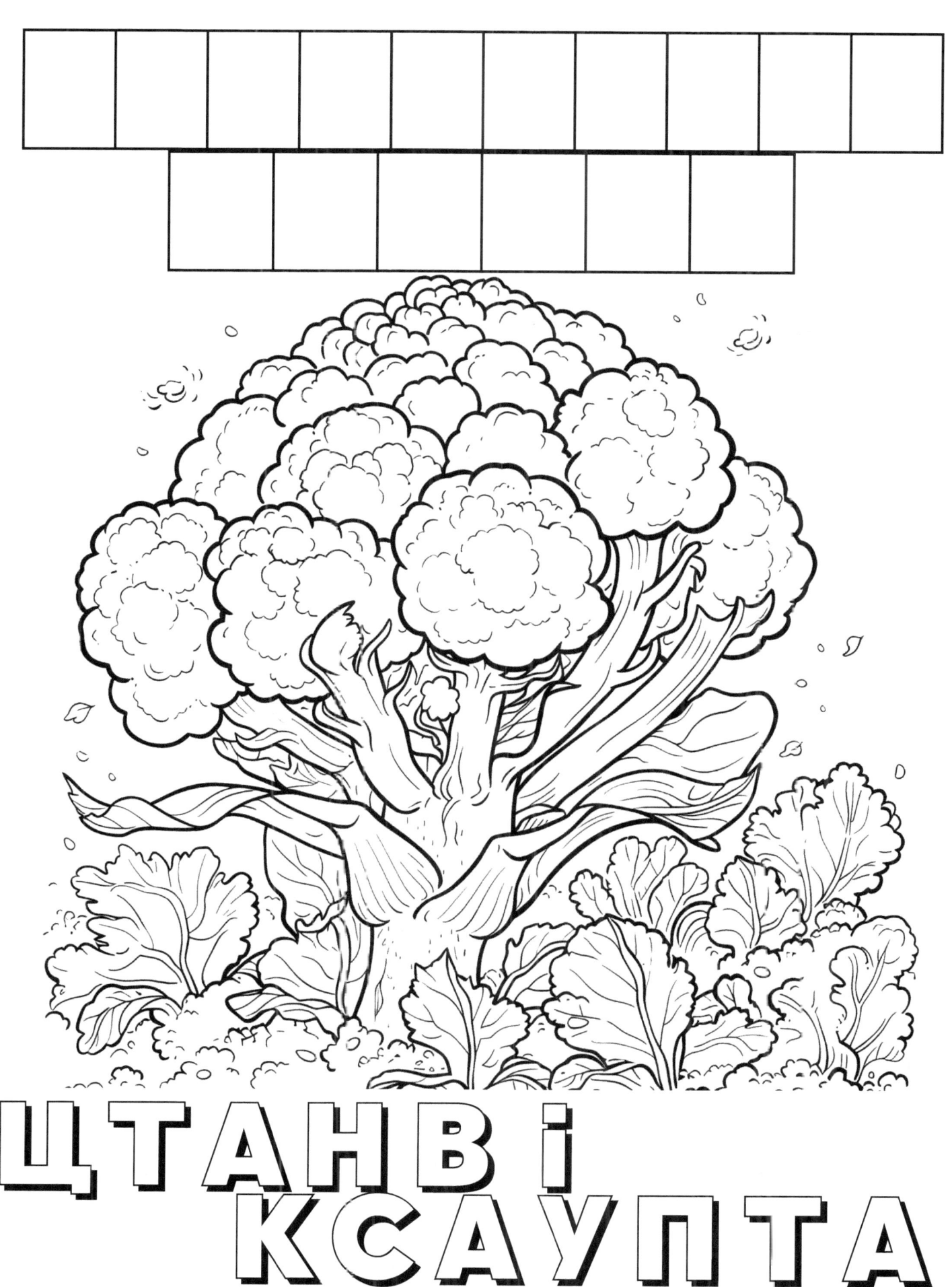

ЦТАНВ І КСАУПТА

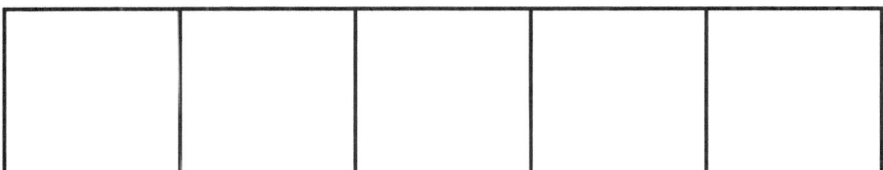

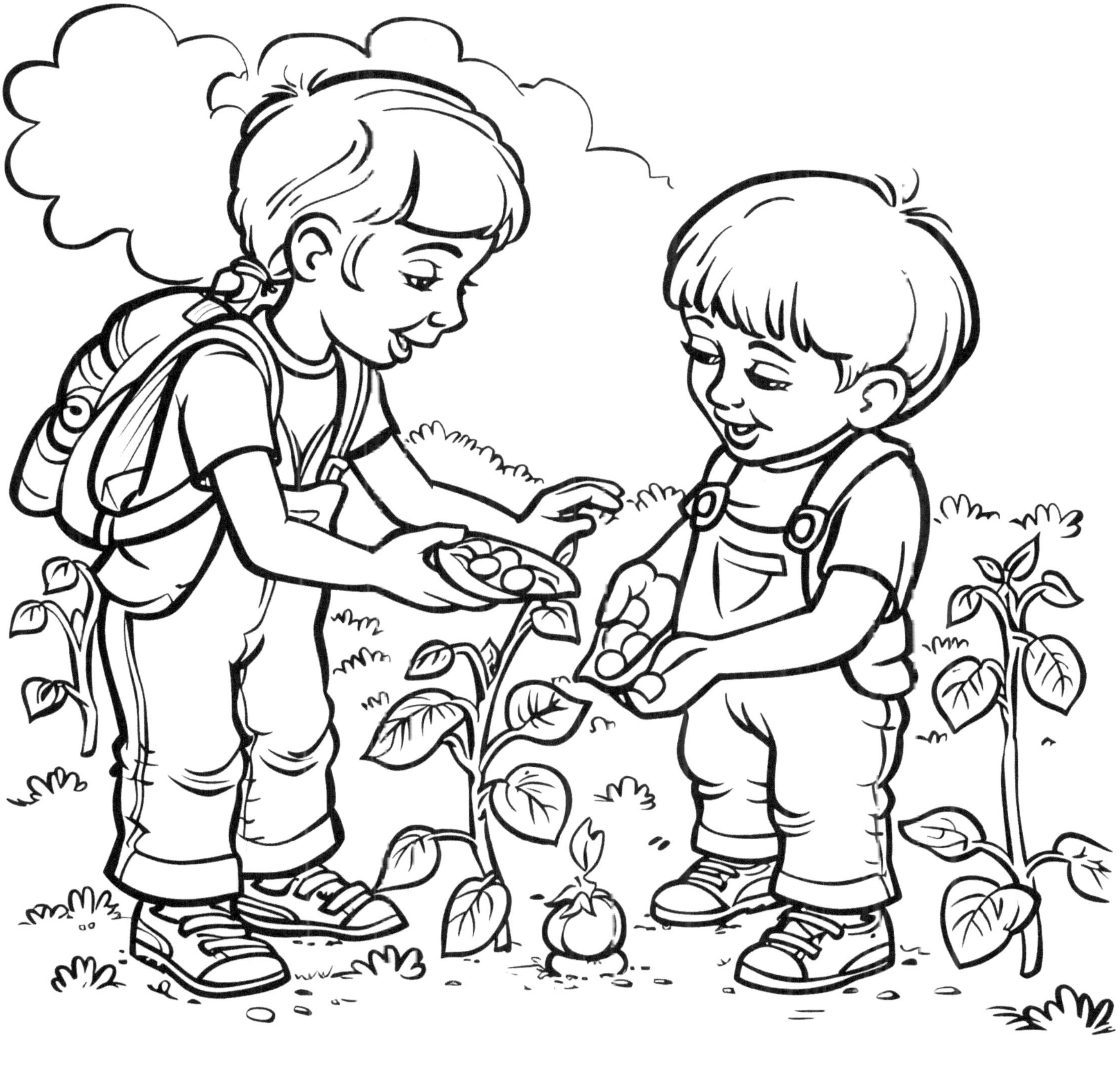

ГОРОХ

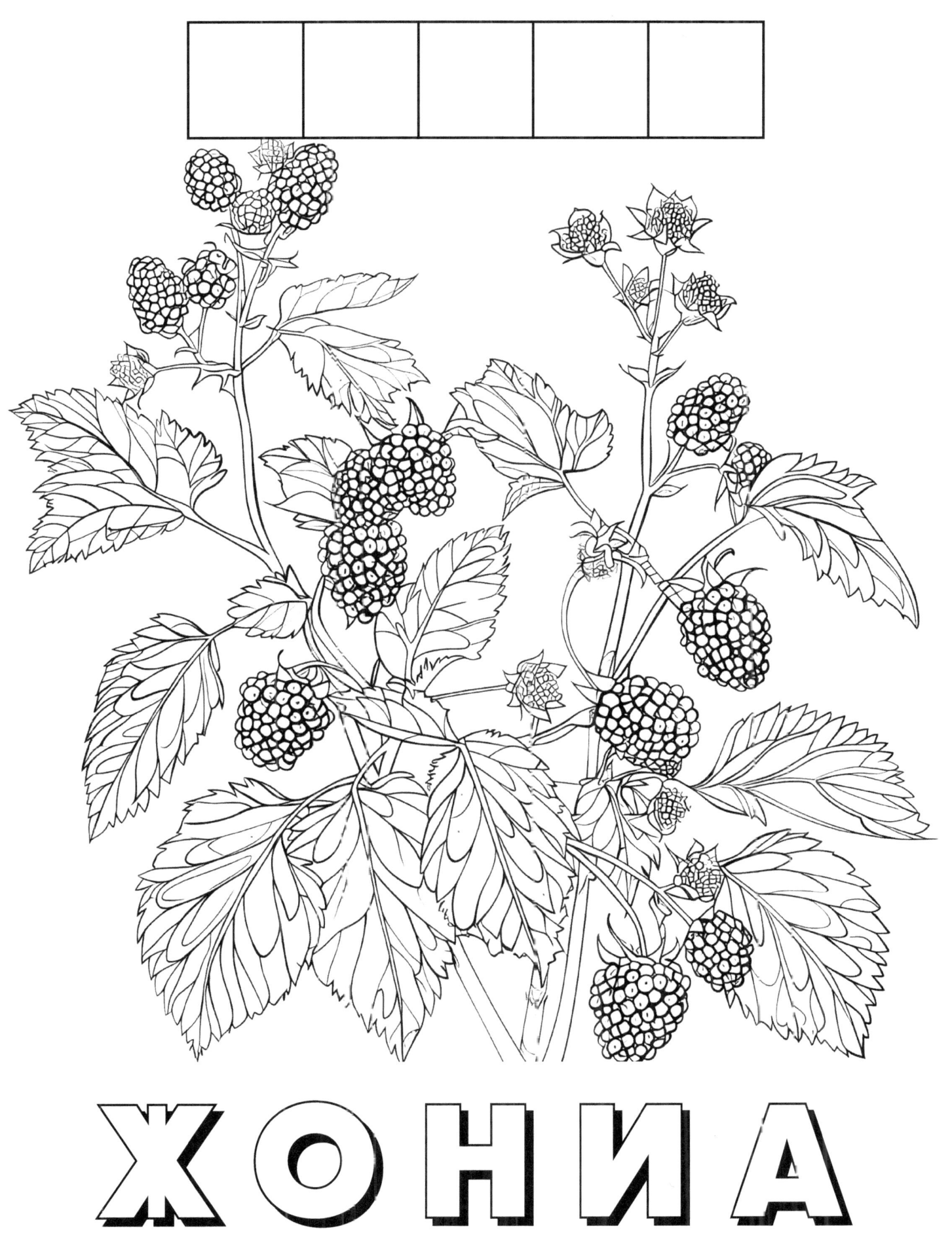

ЖОНИА

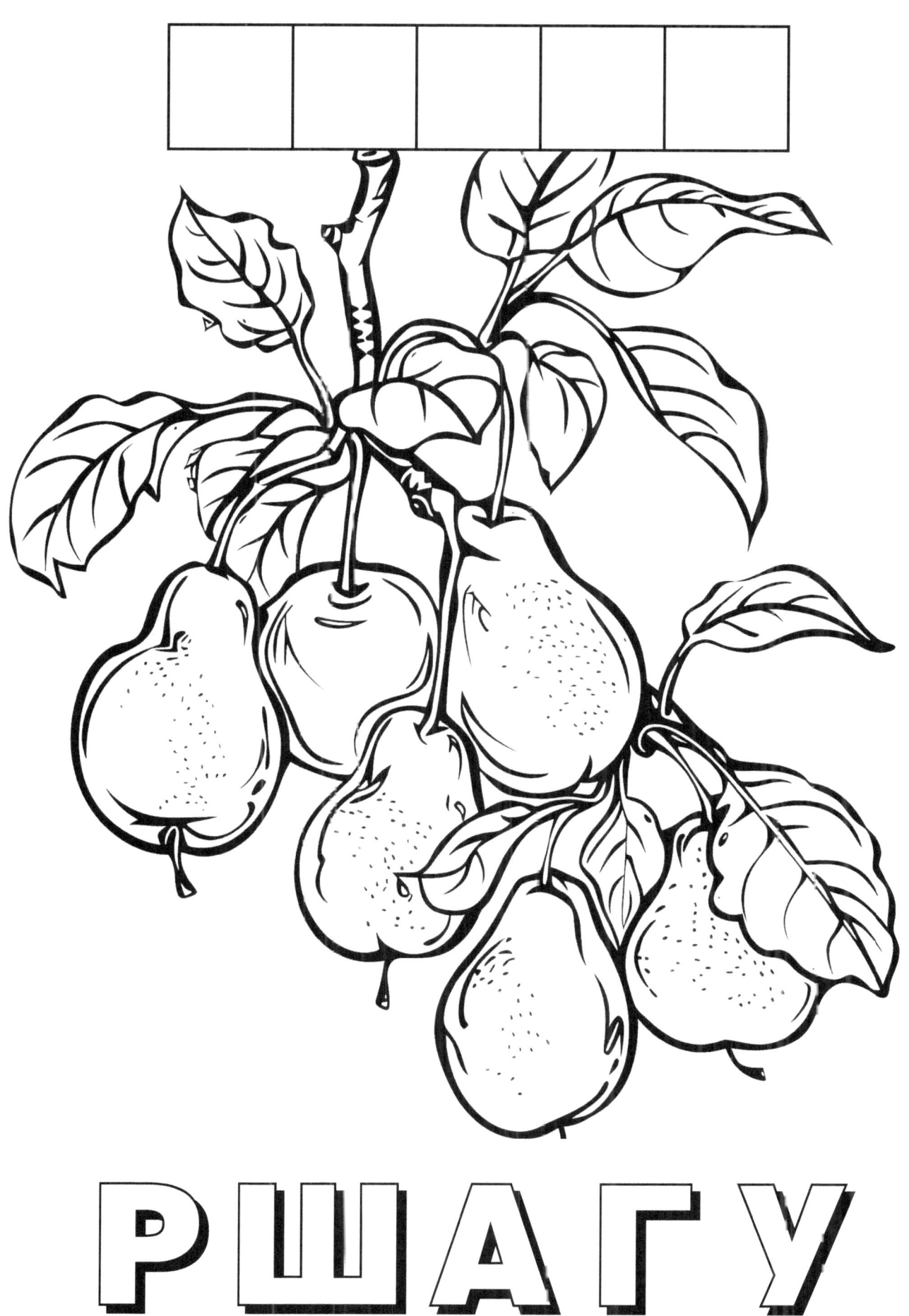

РШАГУ

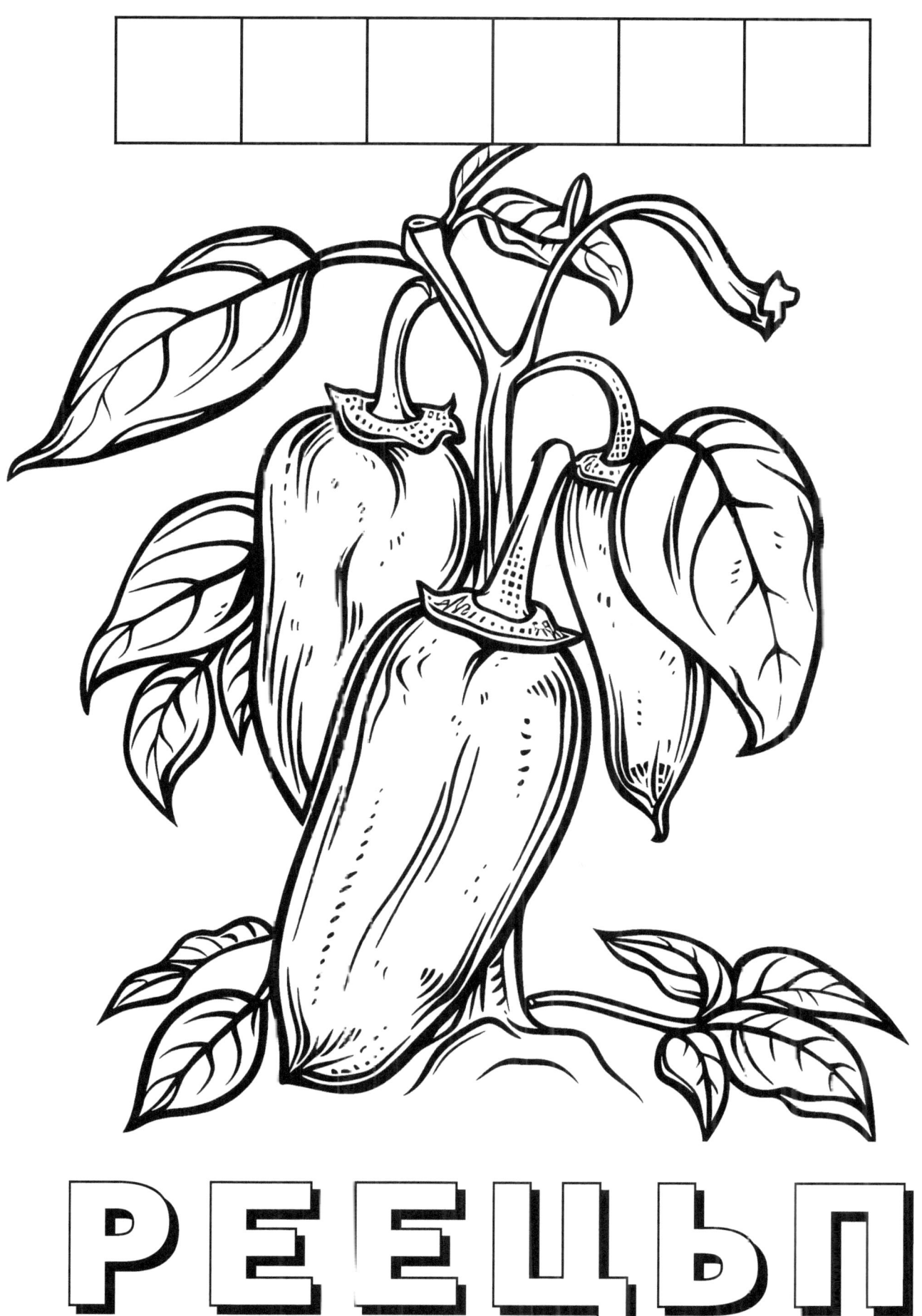

РЕЕЦЬП

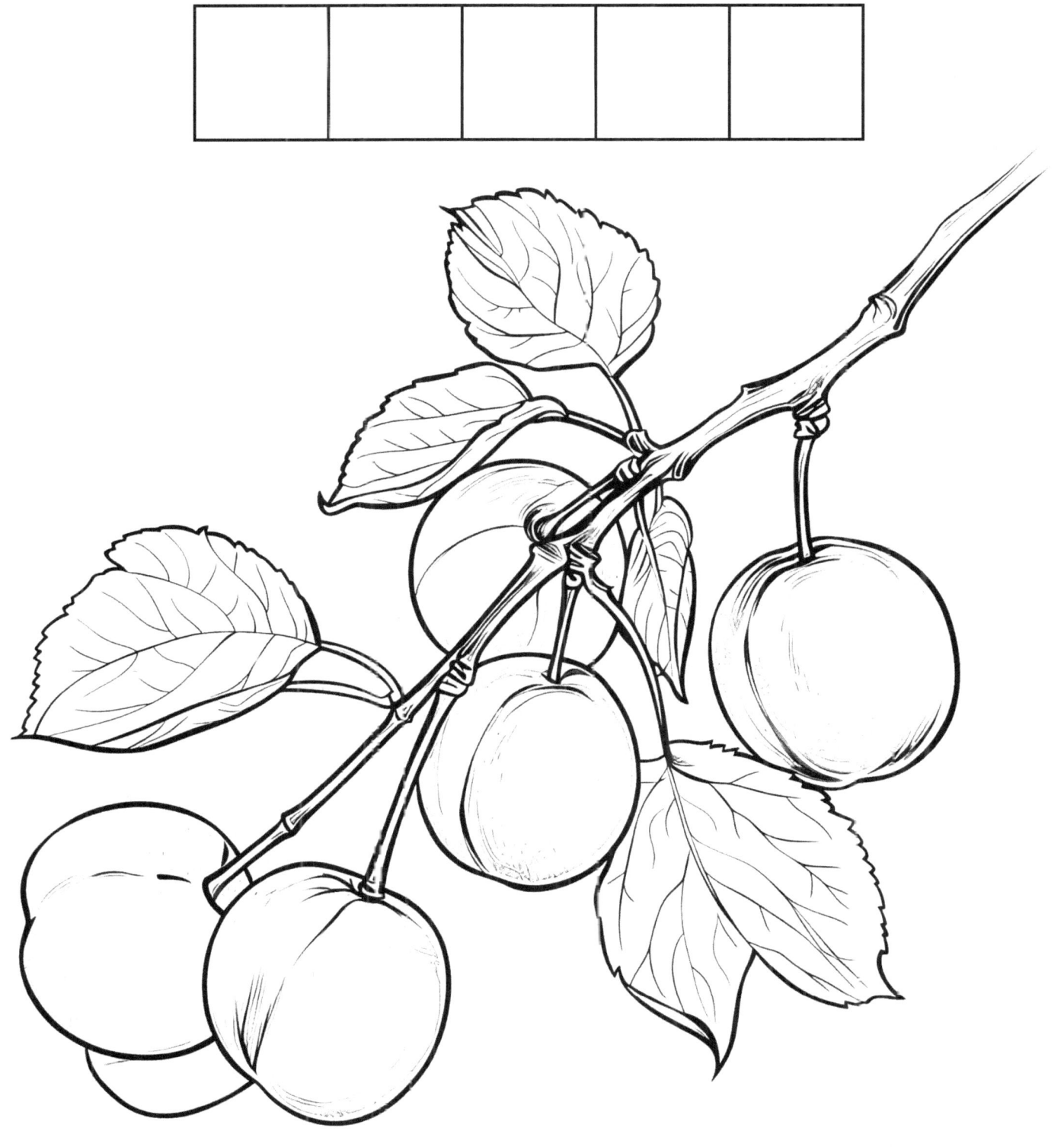

В З П И У

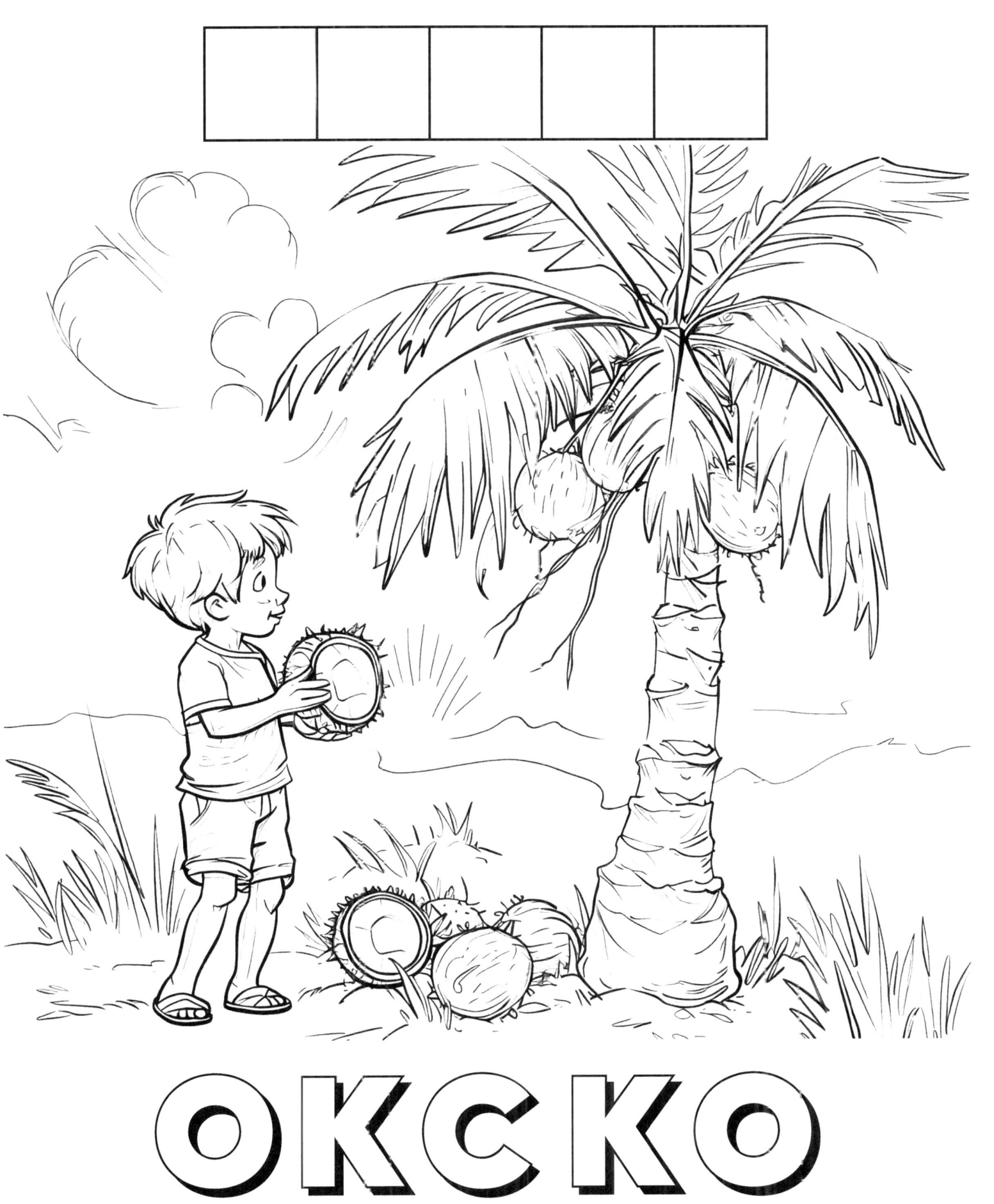

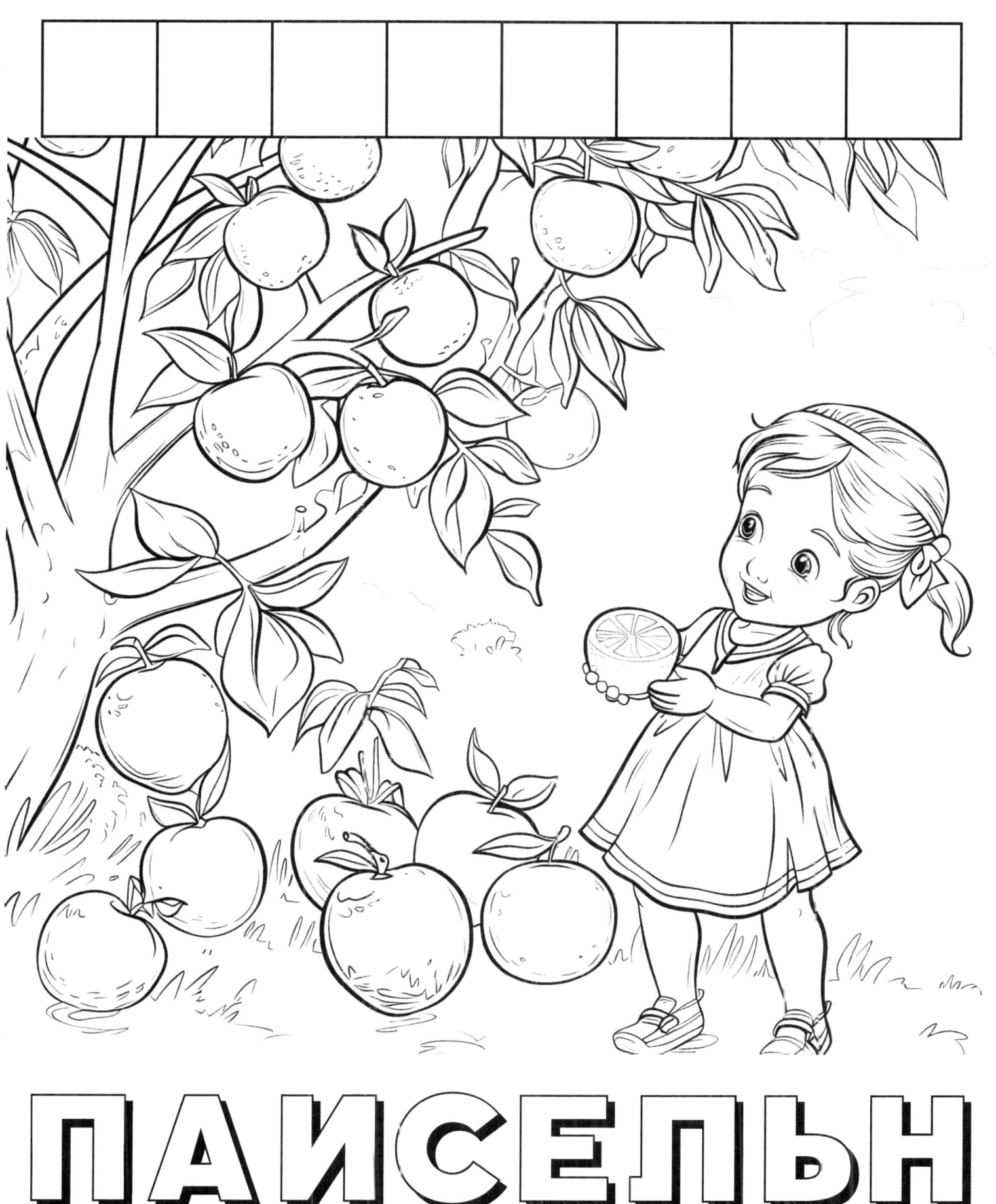

ПАИСЕЛЬН

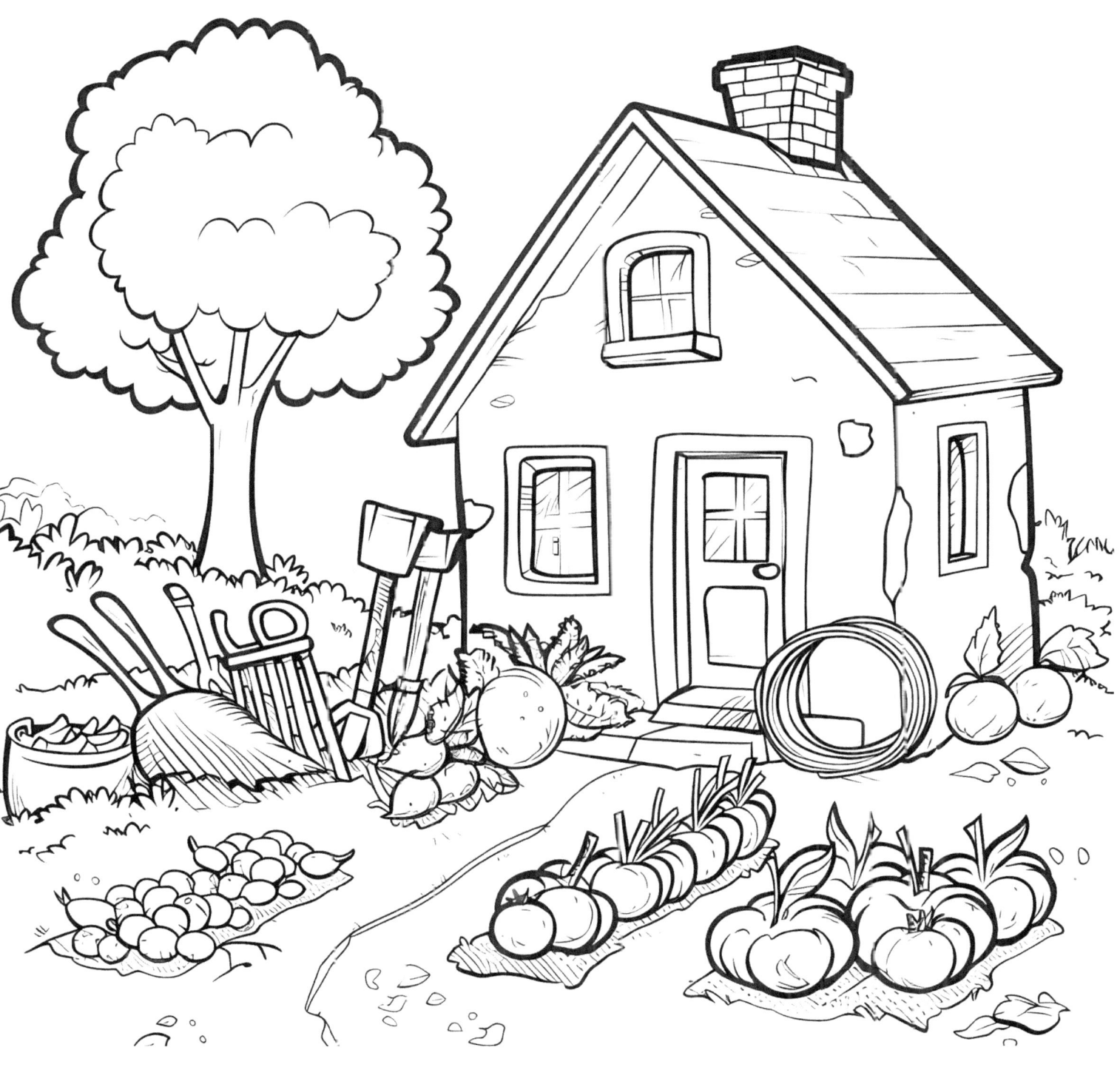

www.ingramcontent.com/pod-product-compliance
Lightning Source LLC
Chambersburg PA
CBHW062115220526
45471CB00010B/3741